Christoph Kardinal Schönborn

Die Lebensschule Jesu

Christoph Kardinal Schönborn

Die Lebensschule Jesu

Anstöße zur Jüngerschaft

Herausgegeben von
Hubert Philipp Weber

HERDER

FREIBURG · BASEL · WIEN

MIX
Papier aus verantwor-
tungsvollen Quellen
FSC® C083411

© Verlag Herder GmbH, Freiburg im Breisgau 2013
www.herder.de
Alle Rechte vorbehalten

Umschlaggestaltung: agentur IDee
Umschlagmotiv: © dpa Picture-Alliance
Satzgestaltung: SatzWeise, Föhren
Herstellung: CPI – Clausen & Bosse, Leck

Printed in Germany

ISBN 978-3-451-30690-7

Inhalt

Gewidmet
den Pfarren
der Erzdiözese Wien

Hinführung

»Herr, zu wem sollen wir gehen?« Nach der Brotrede in der Synagoge von Kafarnaum gehen viele weg und folgen Jesus nicht mehr nach. Diese Erfahrung machen Christen immer wieder, vor allem, wenn sie nach der Zukunft der Kirche fragen. Oft hören sie die Frage Jesu: »Wollt auch ihr weggehen?« Und die Antwort des Simon Petrus lautet: »Herr, zu wem sollen wir gehen? Du hast Worte des ewigen Lebens« (Joh 6, 67–68).

Die Erzdiözese Wien ist in einer Umbruchsituation, wie viele Diözesen in der ganzen Welt. Die sozialen Bedingungen ändern sich, die Gesellschaft ist im Wandel, und die Kirche bedarf der Erneuerung. Dazu hat Kardinal Schönborn in Wien den Prozess »Apostelgeschichte« in Gang gesetzt. Ein wesentliches Element ist die Jüngerschulung. Bevor strukturelle Fragen angegangen werden können, gilt es zu fragen: Was will Jesus Christus von uns? Er ruft uns in die Nachfolge, macht uns zu seinen Schülern. Aber wie geht das? Wie kann man ein Jünger, eine Jüngerin Jesu werden? Aus dieser Situation ist dieses Buch entstanden. Kardinal Schönborn hielt im Arbeitsjahr 2011/12 eine Reihe von Katechesen zu dieser Frage, die dem Buch zugrunde liegen.

Die Texte gehen ganz biblisch vor, besonders ausgehend von den Evangelien. Sie zeigen, wie der Weg der Umkehr in der Lebensschule Jesu begonnen hat. Und von da aus ist zu fragen: Wie sieht es denn heute aus?

Der Weg der Katechesen ist auch ein Abenteuer auf der Suche nach der Weisung des Herrn. Wer sich auf

Jesus und seine Weisung einlässt, beginnt einen Abenteuerweg.

Schließlich geht es um ein großes und waches Hinschauen auf die Zeichen der Zeit. Was zeigt uns Gott in dieser Zeit, in den Wirklichkeiten, in denen wir leben? Wenn wir umkehren zum Herrn, dann ändert sich ja nicht nur die Kirche, dann ändert sich auch die Gesellschaft. Auf neun Etappen will das Buch durch diesen Weg führen:

Was ist der Plan Jesu mit uns? Im ersten Kapitel wird gezeigt, dass die Voraussetzung für die Jüngerschaft der Glaube an ihn, Jesus, den Messias, den Sohn des lebendigen Gottes, ist. Glaube heißt, sich selbst Christus ganz überantworten, umkehren und auf seinen Wegen gehen.

Ein Jünger werden kann niemand von selbst. Das zweite Kapitel handelt davon, dass die Jüngerschaft mit der Berufung beginnt. Jesus ruft alle Menschen in die Nachfolge und baut damit seine Familie, die Kirche, auf.

Das dritte Kapitel versteht die Jüngerschule Jesu als eine Schule des Gebets. Zuerst haben die Jünger von Jesus beten gelernt, ja sie waren fasziniert, ergriffen von seinem Gebet. Dabei zeigen sich aber auch die Grenzen des Betens. Unser Gebet ist schwach, wenn nicht der Geist selbst in uns betet, wie Paulus sagt.

Als Charta des Christseins und der Jüngerschaft erscheint die Bergpredigt. Ihr gilt das vierte Kapitel. Aber ist die Bergpredigt nicht eine Überforderung? Wer kann denn die Feinde lieben, immer die andere Wange hinhalten und jedes Gebot weit über das normale Maß erfüllen? Jesus mutet den Zuhörern mit der Bergpredigt einiges zu, im Letzten sich selbst. Denn es geht darum, sich ihm, dem Sohn Gottes, immer mehr anzugleichen.

Jesus beruft aber keine perfekten Jünger, sondern Sünder in seine Nachfolge. Daher fragt das fünfte Kapitel nach dem Ruf an die Sünder. Was ist überhaupt Sünde, und was bedeutet, dass wir Menschen alle in die Sünde verstrickt sind? Die Sünde aber ist weggenommen von Jesus, dem Lamm Gottes, der am Kreuz starb.

Dem Kreuz als Schlüssel zur Lebensschule Jesu ist das sechste Kapitel gewidmet. Das Kreuz erschreckt und macht Angst. Und doch kann es keinen Weg zur Auferstehung geben, der nicht über das Kreuz geht, und so ist keine Jüngerschaft möglich, die das Kreuz umgehen möchte.

Wie die Schüler selbst zu Lehrern werden, wie sie also die Lehre Jesu bezeugen und weitergeben sollen, wird im siebten Kapitel dargestellt. Es ist alles andere als selbstverständlich, dass es eine Lehre Jesu gibt, die in Formeln festgemacht werden kann, ist doch der Inhalt der Verkündigung Jesus selbst. Von ihm sollen die Jünger erzählen, verkünden.

Im achten Kapitel wird gezeigt, dass die Jünger bei der Verkündigung nicht allein gelassen sind. Christus sendet den Heiligen Geist als Beistand und Lehrer, wie es bei Johannes heißt. Nur in der Kraft des Geistes ist Verkündigung möglich.

Das letzte Kapitel schließlich wendet unseren Blick auf das letzte Ziel hin. Gibt es so etwas wie einen Lohn der Jüngerschaft? Das ewige Leben, von dem heute selten die Rede ist, wird von Jesus als Lohn der Jüngerschaft verheißen.

Dabei geht es aber nicht um eine Vertröstung, sondern um eine gewisse Haltung. Das Zweite Vatikanische Konzil sagt, die Kirche ist auf dieser Welt in der Pilgerschaft unterwegs, hin zur letzten Begegnung mit Christus. Und so heißt Jünger und Jüngerin Jesu sein, auf dieser Welt immer unterwegs sein.

Auf diesem Weg wird die Kirche dann sicher gehen, wenn sie sich in die Schule des Meisters begibt, also von Jesus lernt, wie sie das Evangelium in dieser Welt leben kann. Nur dann werden die Christen auch in Zukunft ihrer Berufung treu bleiben.

Der Herausgeber

I. »Werdet meine Jünger«

—ππ—

Die Lebensschule Jesu

Jesus sagt zu Petrus, als dieser ihm wegen seiner Ankündigung, er werde leiden und getötet werden, Vorhaltungen macht: »Du hast nicht das im Sinn, was Gott will, sondern was die Menschen wollen« (Mt 16,23). Wenn wir Jünger oder Jüngerinnen Jesu sein wollen, müssen wir bei Jesus selbst in die Schule gehen, um das im Sinn zu haben, was Gott will, und nicht das, was die Menschen wollen.

Masterplan – Jesu Plan mit uns

Jesus, der Meister, unser Herr, hat einen Plan mit uns, einen »Masterplan«. Wenn wir den nicht verwirklichen, mühen wir uns umsonst. »Wenn nicht der Herr das Haus baut, mühen sich die Bauleute umsonst«, heißt es im Psalm (127,1). Wer aber sagt uns, was sein Plan für uns, für die Kirche heute ist?

»Unter dem Begriff ›Masterplan‹«, so habe ich im Hirtenbrief (4. Ostersonntag, 15. Mai 2011) geschrieben, »verstehe ich kein fertiges Rezept, das ich in der Tasche haben kann. Es geht darum, dass wir gemeinsam neu und frisch dem Herrn selbst die Frage stellen: Was willst du, das wir tun sollen? Die Kirche ist nicht Selbstzweck! Was sagst du uns durch die vielen Suchenden? Wie lässt du uns deinen Herzschlag im Leben so vieler vernehmen, die nicht in unseren Kerngemeinden sind? Willst du uns nicht zu einem Umdenken, zu einer Umkehr führen? Rufst du uns nicht neu hinter dich zu stellen, um dir nachzufolgen? Denken wir nicht allzu oft in allzu menschlichen Kategorien, sodass Jesus zu uns wie zu Petrus energisch sagen muss: Du hast nicht das im Sinn, was Gott will, sondern was die Menschen wollen (Mt 16, 23)? Ich frage mich selbstkritisch: Träume ich nicht insgeheim von der Gestalt der Kirche, die ich in meinen jungen Jahren erlebt habe? Hoffe ich nicht doch insgeheim, dass es irgendwie gelingen muss, der Kirche wieder Ansehen, Akzeptanz, Beliebtheit und greifbaren Erfolg zu verschaffen? Bin ich bereit, zur heutigen Situation wirklich Ja zu sagen, sie als die Chance zu sehen, die Gott uns heute gibt? Ich bin gewiss: Christus will seine Kirche in Dienst nehmen, als Zeichen und Werkzeug der Vereinigung mit Gott und der Erlösung der Menschen (vgl. Zweites Vatikanisches Konzil, Lumen Gentium 1). Wenn das Zeichen undeutlich, das Werkzeug untauglich wird, muss es neu geschmiedet werden, im Feuer der Prüfung, unter mächtigen Schlägen und im stillen Aufschmelzen des Materials und seiner Ausgießung in die kommende Form. Denn der Geist will unsere Herzen erneuern und mit ihnen das Angesicht der Erde.«

Wir sollen denken, wie der Herr denkt, und nicht unsere eigenen Ideen zu verwirklichen suchen. »Meine Gedanken sind nicht eure Gedanken und meine Wege sind nicht eure Wege«, heißt es schon beim Propheten Jesaja (55, 8). Ich sehe als erste und wichtigste Aufgabe in dieser Zeit des Umbruchs, der Neuorientierung, die Frage: Was will der Herr? Eines können wir mit Sicherheit sagen: Er will unser Leben, unser Glück. »Ich bin gekommen, dass sie das Leben haben, und es in Fülle haben«, sagt Jesus (Joh 10,10). »Wie mich der Vater geliebt hat, so habe auch ich euch geliebt. Bleibt in meiner Liebe ... Dies habe ich euch gesagt, damit meine Freude in euch ist und damit eure Freude vollkommen wird« (Joh 15,9.11). Glück, Leben, Freude will er für uns. Dazu zeigt er den Weg: »Ich bin der Weg und die Wahrheit und das Leben« (Joh 14,6). Deshalb seine Einladung: »Werdet meine Jünger!« (vgl. Joh 15,8).

Christ werden heißt Jünger Jesu werden. Das griechische Wort *mathetes* bedeutet wörtlich »Schüler«. Kommt zu mir in die Schule des Lebens. »Lernt von mir, denn ich bin gütig und von Herzen demütig« (Mt 11,29). Am Schluss des Evangeliums gibt Jesus den großen Missionsauftrag:

Geht zu allen Völkern und macht alle Menschen zu meinen Jüngern [wörtlich: zu Schülern] und tauft sie auf den Namen des Vaters und des Sohnes und des Heiligen Geistes und lehrt sie alles zu befolgen, was ich euch geboten habe.

Matthäus 28, 19–20

Der Auftrag Jesu ist, Menschen für seine Lebensschule zu gewinnen. Wenn er diesen Auftrag gibt, dann will er, dass wir selbst zuerst in seine Lebensschule gehen. Das ist ein lebenslanger Auftrag.

Wie weit sind wir in dieser Schule? Wie steht es mit der Jüngerschaft von uns Christen? Jesus sagt bei den Abschiedsreden im Abendmahlsaal: »Mein Vater wird dadurch verherrlicht, dass ihr reiche Frucht bringt und meine Jünger [Schüler] werdet« (Joh 15, 8). Sind wir Christen schon Christen? Einer der frühen Zeugen, der heilige Ignatius von Antiochien, der um das Jahr 107 in Rom den Märtyrertod starb, schreibt der Christengemeinde in Rom kurz davor einen Brief. Er ist als Gefangener unterwegs nach Rom und soll dort im Zirkus den wilden Tieren vorgeworfen werden. Er fürchtet, dass sie ihn daran hindern und etwas unternehmen, damit er der Todesstrafe entkommt. Er schreibt ihnen: »Lasst mich den Tieren vorgeworfen werden!« Er sehnt sich danach, »reines Brot des Christus« zu werden. »Dann werde ich endlich ein wahrer Jünger Christi sein« (Brief an die Römer 4, 1–2). »Gestattet mir, Nachahmer des Leidens meines Gottes zu sein« (6, 3), dann werde ich endlich Christ sein. Christ sein heißt Jünger Jesu sein. Christ werden heißt Jünger Jesu werden.

Eines ist sicher, in dieser Lebensschule bleiben wir lebenslang. Man tritt nie aus der Lebensschule Jesu aus, erst wenn wir endgültig beim Herrn sind. Ich erinnere mich noch an das Glücksgefühl, als ich nach der Matura mit der Schule fertig war. Von der Lebensschule Jesu verabschiedet man sich nicht. Obwohl Jesus uns als seine Jünger und Schüler anspricht, ist er nicht einfach nur Lehrer, sondern der Meister, der Herr. Es geht in diesem Verhältnis der Jünger zum Meister um mehr als nur darum, etwas zu lernen. Es geht um mein Leben, um eine Lebensgemeinschaft, die immer enger, immer tiefer wird, bis zum vollen Einssein mit ihm, so wie er mit dem Vater eins ist.

Umkehr als Weg

Wir stehen in vielen Lebensbereichen vor großen Umbrüchen. In der Finanzwelt, der Wirtschaftswelt, den Umweltfragen zeigt sich eine große Ratlosigkeit. Ob man die Finanzkrise, die ökologische, die demographische Krise nimmt, niemand hat Rezepte. Neulich gab mir jemand eine Spruchkarte für mein Büro, auf der steht: »Ich weiß zwar keine Lösung, aber ich bewundere das Problem.« Ich denke, das trifft mit Ironie unsere Situation.

Auch die Umbrüche in der Kirche dürfen nicht isoliert von den Umbrüchen in der Gesellschaft betrachtet werden. Sie lassen uns in vieler Hinsicht ratlos. Ich bin misstrauisch gegen alle, die Patentrezepte haben. Eines wissen wir sicher: Wir brauchen Reformen, neue Zugänge. Aus der Finanzkrise gibt es nur einen Weg, nämlich dass *wir alle* unser Verhalten ändern, das Schuldenmachen, das Spekulieren mit illusorischen Gewinnversprechungen beenden. Für den Reformweg der Kirche gilt: Er ist zuerst der persönliche Weg der Umkehr, freilich der persönliche Weg möglichst vieler. »Die Zeit ist erfüllt, das Reich Gottes ist nahe, kehrt um und glaubt an das Evangelium« (Mk 1,15). Mit diesen Worten beginnt Jesus seine Verkündigung. Sie bleiben für alle Zeiten gültig. Es geht um das Reich Gottes, um die Herrschaft Gottes.

Wir reden viel zu viel von der Kirche selbst. Papst Benedikt XVI. erinnert immer wieder an ein chinesisches Sprichwort: »Wer sich selbst anschaut, strahlt nicht.« Eine Kirche, die sich primär mit sich selbst beschäftigt, hat keine Strahlkraft. Die Kirche dient dem Reich Gottes. Das soll wieder in die Mitte rücken, damit seine Herrschaft, sein Königtum zur Geltung kommt. Das Konzil

sagt zu Beginn der Kirchenkonstitution *Lumen Gentium*:
»Die Kirche ist in gewisser Weise Sakrament, das Zeichen
und Werkzeug der innigen Vereinigung mit Gott und der
Einheit des Menschengeschlechts« (Lumen Gentium 1).
Dieser Vereinigung dient die Kirche. Das kann sie in dem
Maße, wie ihre Glieder innig mit Gott verbunden sind
und untereinander. Daher geht es immer zuerst darum,
dass wir in die Lebensschule Jesu gehen, jeden Tag neu.

Die Fragen danach, wie die Kirche wieder mehr Ansehen gewinnen kann, gehen am Wesentlichen vorbei. Es
geht nicht darum. Natürlich ist es schön, wenn die Kirche
einen guten Ruf hat, aber das ist nicht ihre Aufgabe. Es
geht nicht um das Ansehen der Kirche, sondern es geht
darum, dass Gott ansichtig wird, dass wir als Christen
Christus ansichtig machen. Dazu müssen wir neu zu ihm
in die Schule gehen.

Ich wünsche mir eine neue Lernlust, eine neue Leidenschaft, den Herrn zu fragen: Wie geht das Christsein? Hilf
uns, das neu zu buchstabieren! Ich wünsche mir einen
Eros des Lernens, eine echte Neugierde auf die Lebensschule Jesu, das uralte und so neue Christentum neu zu
entdecken. Ob das Christentum bei uns lebendig bleibt
oder wieder wird, hängt entscheidend von dieser Leidenschaft ab. Ich sehe spannend Neues kommen, zweifellos
große Schwierigkeiten, aber auch ganz große Chancen.
Im Jahr 1939 hat ein Jesuit, Pater Karl Prümm, ein Buch
mit dem Titel »Christentum als Neuheitserlebnis« (Freiburg im Breisgau 1939) veröffentlicht. Er sah das frühe
Christentum als ein Neuheitserlebnis für die Menschen.
Es trat als etwas Neues in die damalige Welt, wurde von
vielen als solches begrüßt oder auch bekämpft. Auch
heute wird das Christsein oft als Neuheit erlebt, mehr

Die Lebensschule Jesu

und mehr. Für viele Suchende wird die Begegnung mit dem christlichen Glauben, mit Christus zu etwas ganz Neuem. Aber dazu ist es notwendig, dass wir, die »älter gewordenen« Christen, es selbst neu entdecken. »Siehe, ich mache alles neu« (Offb 21,5), sagt Jesus am Schluss der Offenbarung des Johannes. Die Neuheit unseres alten Glaubens neu entdecken, kann nur durch eine neue Begegnung mit dem Herrn gelingen. Auf diese Erneuerung setze ich. Manche kritisieren, hier werde spiritualisiert, die konkreten Fragen würden zu wenig angegangen, die konkreten Reformen nicht wahrgenommen. Aber was ist konkreter? Was verändert die Realität mehr als die *metanoia*, die Umkehr, zu der Jesus uns aufruft, das Um-denken, das Um-kehren? Auf diesen Weg der Bekehrung ruft uns Jesus. Das ist die tiefgreifende Erneuerung, auch heute. Sie beginnt bei mir, bei dir.

Der Glaube an den Messias

Wir kennen das drastische Wort Jesu zu Petrus: Du Satan! Hinter mich! Geh mir aus den Augen! Du denkst wie die Menschen und nicht wie Gott! (vgl. Mt 16,23). Es gibt kein härteres Wort Jesu an die Apostel als dieses. Petrus hat in diesem Evangelium nicht nur die Rolle des ersten Apostels, sondern steht stellvertretend für alle Jünger Jesu. Deshalb ist es erlaubt, dass jede und jeder von uns sich in Petrus wiedererkennt. Unmittelbar voraus geht die berühmte Szene an den Jordanquellen bei Cäsarea Philippi, als Jesus den Jüngern die Frage stellt, was die Leute über ihn sagen, und dann direkt an sie gewendet fragt:

»Ihr aber, für wen haltet ihr mich?« Berühmt ist die Antwort, die Petrus in diesem Moment gegeben hat: »Du bist der Messias, der Sohn des lebendigen Gottes!« Zu Recht haben Papst Leo der Große († 461) und viele Kirchenväter mit ihm gesagt, dass dieses Bekenntnis der Felsen ist, auf dem die Kirche steht. Dieses Bekenntnis ist auch die Grundlage unserer Jüngerschaft. Ohne den Glauben an Jesus, den Messias, den Christus, kann man nicht Jünger Jesu sein. Man kann ein Bewunderer sein, man kann ihn interessant finden, ihn studieren, in ihm einen Propheten, einen Religionsgründer sehen, aber Jüngersein, bei ihm in die Lebensschule gehen kann man nur, wenn man wirklich an ihn glaubt. Der Glaube ist deshalb die erste Voraussetzung für die Jüngerschaft.

Für dieses Glaubensbekenntnis hat Jesus Petrus seliggepriesen. »Selig bist du, Simon Barjona; nicht Fleisch und Blut haben dir das offenbart, sondern mein Vater im Himmel« (Mt 16,17). Damit sind wir bei einer entscheidenden Grundlage für die Jüngerschaftsschule Jesu. Der Glaube ist die Voraussetzung. Aber dieser Glaube ist ein Geschenk. Gott schenkt den Glauben. Jesus wird das deutlich machen, wenn er seinen Jüngern sagt: »Nicht ihr habt mich erwählt, sondern ich habe euch erwählt« (Joh 15,16a).

Nach dem Bekenntnis gibt Jesus dem Petrus das große Verheißungswort mit ungeheurer Tragweite: »Du bist Petrus, und auf diesen Felsen werde ich meine Kirche bauen. Und die Tore des Hades [so heißt es hier wörtlich, die Mächte der Unterwelt, oder wie die alte Übersetzung sagt, die Pforten der Hölle] werden sie nicht überwältigen« (Mt 16,18). Dann folgt die Verheißung: »Ich werde dir die Schlüssel des Himmelreiches geben. Was du auf

Erden binden wirst, wird auch im Himmel gebunden sein. Und was du auf Erden lösen wirst, wird im Himmel gelöst sein« (Mt 16, 19). Größer kann die Verheißung gar nicht sein. Sie gilt Petrus persönlich, vor allem amtlich, als dem ersten der Hirten, dem Jesus seine Herde anvertraut. Aber wir werden sehen, im Kern gilt diese Verheißung jedem und jeder in der Jüngerschaft. Das müssen wir vielleicht zuerst und am meisten lernen in dieser Schule. Das ist die unglaubliche Zumutung, die Gott in dieses Jüngersein hineinlegt.

Die Heiligen bezeugen das, etwa die kleine heilige Thérèse von Lisieux († 1897). Deren Erfahrung der Jüngerschaft war unglaublich stark, und sie hat auf ihrem kleinen Weg uns alle ermutigt: Man kann in die Schule Jesu gehen. Es ist möglich. Ich zitiere ein Wort aus ihrer Autobiographie vom Ende des dritten Manuskripts, wo sie wagt, das hohepriesterliche Gebet Jesu aus Johannes 17 auf sich anzuwenden: »Es ist vielleicht Vermessenheit? Doch nein, seit Langem hast du [Jesus] mir erlaubt, dir gegenüber kühn zu sein. Wie der Vater des verlorenen Sohnes zu seinem Ältesten, so sprachst du zu mir: ›ALLES *was mein ist, ist dein*‹ [Joh 17, 10]. Deine Worte, o Jesus, sind also meine. Und ich kann mich ihrer bedienen, um auf die Seelen, welche eins sind mit mir, die Gunst des himmlischen Vaters herabzuziehen.«[1] Welch unglaubliche Kühnheit des Jünger-Seins: »Alles was mein ist, ist dein.« Wir brauchen Ermutigung, dass wir erkennen, was Christus uns zutraut. Die kleine Thérèse wagt es, sich das Gebet Jesu an den Vater so zu eigen zu machen, dass sie Jesu Worte einfach übernimmt und wie Jesus zu Gott spricht. Welch große Kraft der Jüngerschaft und welche Vollmacht!

»*Komm hinter mich, folge mir nach!*«

Wie ist es dem Petrus ergangen, als er bei seinem Lernen, ein Jünger Jesu zu werden, so sehr daneben tappte? Unmittelbar nach dem Bekenntnis des Petrus heißt es:

> Von da an begann Jesus seinen Jüngern zu erklären, er müsse nach Jerusalem gehen und von den Ältesten, den Hohenpriestern und den Schriftgelehrten vieles erleiden. Er werde getötet werden, aber am dritten Tag werde er auferstehen. Da nahm ihn Petrus beiseite und machte ihm Vorwürfe. Er sagte: Das soll Gott verhüten, Herr. Das darf nicht mit dir geschehen. Jesus aber wandte sich um und sagte zu Petrus: Weg mit dir, Satan. Geh mir aus den Augen. Du willst mich zu Fall bringen, denn du hast nicht im Sinn, was Gott will, sondern was die Menschen wollen.
>
> *Matthäus 16, 21–23*

Jesus spricht von seinem Leiden, seinem Tod, aber auch von seiner Auferstehung. Sie haben nur gehört: Leiden und Kreuz. Auferstehung scheint man bis heute zu vergessen. So geht es oft in der Jüngerschule Jesu, dass wir bei Prüfungen vor allem das Kreuz sehen, aber nicht die Verheißung der Auferstehung. Petrus nimmt Jesus energisch beiseite, wörtlich heißt es: »er herrscht ihn an«, »schilt ihn kräftig«: »Gott bewahre, Herr!« – dann doppeltes Nein, griechisch *ou me* – »Niemals nicht soll dir das widerfahren.« Jetzt übersetze ich wörtlich: »Jesus aber wendet sich um und sagt zu Petrus: Tritt hinter mich, du Satan. Ein Ärgernis bist du mir«, ein Stolperstein, ein Skandalon. »Hinter mich«, sagt er zu Petrus: *hypage opiso mou:* »Geh mir aus dem Weg, stell dich mir nicht in den Weg, stell dich hinter mich.«. Genau dieses Wort hat Jesus am See Gennesaret gebraucht, als er Petrus und Andreas vom Fischerboot weg berufen hat. Er sagte: *deute opiso mou,* »kommt hinter mich« (Mt 4,19). Jesus erinnert also Petrus an seine Berufung. Erinnere dich, wie das am Anfang war, als ich dich berufen habe! Sagt Jesus nicht auch zu uns: »Erinnere dich, wie ich dich gerufen habe. Geh wieder dorthin, wo ich dich gerufen habe, ganz am Anfang! Tritt mir nicht entgegen, stell dich mir nicht in den Weg, widersetze dich nicht, sondern tritt wieder hinter mich wie am Anfang: Mir nach!«

Dann gibt Jesus eine Begründung: »Denn du denkst nicht *ta tou theou* – nicht die Dinge Gottes, sondern die Dinge der Menschen.« Du denkst, wie die Menschen denken, und nicht, wie Gott denkt. Aber ist das wirklich so: Wenn man Jesus nachfolgt, darf man nicht menschlich sein? Liegt zwischen dem Menschlichen und dem Göttlichen ein so tiefer Graben? Menschlich waren die Ansichten des Petrus sicher, allzu menschlich und verständlich.

Drei Motive bei Petrus sind für unsere Jüngerschule wichtig. Zuerst will Petrus nicht, dass Jesus leidet. Das ist sehr menschlich, sehr richtig: Niemals sollte das geschehen.

Es ist die ganz normale Reaktion eines Menschen, der nicht will, dass sein Freund leidet. Eine Mutter will nicht, dass ihr Kind leidet. Die Einstellung zum Leid ist die Schlüsselfrage der Jüngerschaft. Petrus ist für Jesus ein Satan und ein Skandal, weil er ihm den Weg zum Leiden verstellt. Denn der Weg zum Leiden ist der Weg zur Auferstehung.

Ein zweites Motiv des Petrus ist sehr verständlich. Es ist erschütternd, wie kurz Jesus mit seinen Jüngern zusammen war, maximal drei Jahre. Nach dieser kurzen Zeit ist es doch viel zu früh. Sie haben alles verlassen, Beruf, soziale Sicherheit, sind mit Jesus aufgebrochen in die Wanderschaft, und jetzt verlässt er sie: Was wird aus uns werden? Der Prophet Jeremia klagt mit erschütternden Worten Gott an: »Du hast mich betört [wörtlicher ›Du hast mich betrogen‹] und ich habe mich betören lassen. Du hast mich gepackt und überwältigt« (Jer 20, 7). Der Prophet sagt: Auf was habe ich mich da eingelassen mit dir? Zu den Krisen der Jüngerschaft gehört das Gefühl: Auf was habe ich mich da eingelassen? Wohin führt uns dieser Weg? Zuerst ruft er uns, dann verlässt er uns.

Das dritte Motiv in dem Vorwurf des Petrus kommt wieder sehr menschlich aus dem Gefühl: Herr, das kann es doch nicht schon gewesen sein! Eben hast du mir feierlich verkündet: »Du bist Petrus und auf diesen Felsen werde ich meine Kirche bauen«, das heißt meine *ecclesia*, meine Versammlung, meine Gemeinschaft, das erneuerte Volk Gottes. Jetzt fängt es doch erst an, und da sagst du, dass du sterben musst. Das kaum begonnene Werk des Aufbaus soll jetzt schon mit so einem schrecklichen Abbruch enden? Heute sind wir in einer ähnlichen Versuchung wie Petrus in der Jüngerschaft. Da ist die Enttäuschung darüber, dass scheinbar statt des Aufbaus der Niedergang kommt. Die menschliche Logik ist auf der Seite des Petrus. »Du denkst wie die Menschen.« Aber Jüngerschaft Jesu heißt umdenken, denken, wie Gott denkt.

Nachfolge und Selbstverleugnung

Im zweiten Teil dieses Abschnitts aus dem Evangelium hören wir das Schlüsselwort für die Jüngerschaft:

> Darauf sagte Jesus zu seinen Jüngern: Wer mein Jünger sein will, der verleugne sich selbst, nehme sein Kreuz auf sich und folge mir nach. Denn wer sein Leben retten will, wird es verlieren. Wer aber sein Leben um meinetwillen verliert, wird es gewinnen.
>
> *Matthäus 16, 24–25*

»Wenn einer – wieder wörtlich übersetzt – hinter mir hergehen will ...« Es ist genau das Wort, das er zu Petrus gesagt hat: »hinter mir hergehen«. Wenn einer das wirklich will, dann muss er sich selbst verleugnen, sein Kreuz auf sich nehmen und mir nachfolgen. Selbstverleugnung ist ein Schlüsselwort der Jüngerschaft. Was heißt Selbstverleugnung? Wir wissen, sehr gut, was verleugnen heißt. Petrus hat Jesus verleugnet. »Ich kenne diesen Menschen nicht« (Mk 14, 71). Wir wissen, was das heißt, einen Freund verleugnen. Adolf Schlatter († 1938), der große evangelische Theologe, zeigt: Selbstverleugnung heißt, sag das zu dir selbst: Ich kenne dich nicht. Sag das, was Petrus zu Jesus gesagt hat, zu dir selbst. Verleugne dich selbst. »Wer jemanden verleugnet, bricht die Freundschaft mit ihm ab ... ›Ich weiß nichts von ihm und will nichts von ihm wissen‹, sagt Petrus später, als er Jesus verleugnete. ›Sag das‹, rät uns Jesus, ›zu dir selbst!‹ Du ... darfst nicht hören, was du dir rätst und für dich als dein Glück begehrst. Mach dich selbst von dir los!« – sich selbst verleugnen, das Kreuz ergreifen – »Wir erreichen beides nur, wenn uns eine stärkere Liebe zieht, als die zu uns selbst.«[2] Es geht um eine stärkere Liebe. Es geht um den, der sagt: Folge mir nach! Wenn die Liebe zu ihm stärker ist, dann sind wir bereit, ihm nachzugehen auch um den Preis der Selbstverleugnung.

Jesus hat es uns nicht leicht gemacht. Er hat nichts Bequemes versprochen. Er hat den Weg zu Glück, Liebe, vollem Leben gezeigt: »Wer sein Leben retten will, wird es verlieren; wer aber sein Leben um meinetwillen« – das heißt aus Liebe zu mir – »verliert, der wird es gewinnen« (Mt 16, 25).

II. »Du aber folge mir nach!«

—⚬—

Wie wird man ein Jünger Jesu?

Heißt Christsein immer Jünger, Jüngerin Jesu sein? Wenn die Antwort Ja ist, was bedeutet dann Christsein als Jünger? Was ist dann Jüngerschaft? Wenn Christsein und Jüngerschaft jedoch nicht gleichzusetzen sind, gibt es dann sozusagen ein allgemeines und ein besonderes Christsein, eines für die Allgemeinheit und eines für ganz spezielle Christen, die Jünger oder Jüngerinnen? Mir hat sich diese Frage aus Anlass meiner Priester- und Ordensberufung konkret gestellt. Ist das ein besonderer Ruf, oder ist es einfach ein Ruf ins Christsein, in die Nachfolge Christi? Kann man ganz normal Jünger Christi sein, ohne Sonderform des Lebens, ohne den Stand der Nachfolge als Ordenschrist oder Priesterberufung?

Das nach der Bibel erfolgreichste Buch der ganzen Christenheitsgeschichte trägt den Titel: »Die Nachfolge Christi« *(»De Imitatione Christi«)* von Thomas von Kempis, 1441 vollendet.[3] Dieses Buch hat zahllose Christen in ihrem Leben genährt. Die kleine heilige Theresia konnte es weitgehend auswendig. Es ist eindeutig nicht für eine spezielle Gruppe von Christen geschrieben, sondern für alle. Es wird auch von allen gelesen, weit über den Raum des Christentums hinaus. Viele berühmte und noch viel mehr unbekannte Christen haben aus der »Nachfolge Christi« ihre Nahrung für den Weg des christlichen Lebens geschöpft und sich daran orientiert.

Dag Hammerskjöld (†1961) war Generalsekretär der Vereinten Nationen. In seinem geistlichen Tagebuch finden sich zahlreiche Zitate aus der »Nachfolge Christi«.[4] Dieser große Diplomat wollte mit seinem ganzen Wesen und Leben Jünger Jesu sein. Aber er war weder Mönch noch Priester. Die »Nachfolge Christi« war für ihn einer der Leitsterne seines Lebens. Ein zweites Beispiel war Robert Schuman (†1963), der große Politiker, einer der Gründerväter Europas. Ein Seligsprechungsprozess für ihn ist im Laufen. Auch er hat immer wieder aus dem Buch der »Nachfolge Christi« geschöpft.[5]

Ist Christsein gleich Jünger Jesu sein? Ja, zweifellos, und doch auch wieder nicht. Was sagt uns Jesus selbst? Wie ist die Erfahrung der Urkirche? Was zeigt uns der Herr, durch die Ereignisse unserer Zeit in dieser Frage?

Das Gottesvolk von Abraham bis heute

Wie kamen Menschen dazu, sich Jesus anzuschließen und für ihn alles zu verlassen, ihre Familien, ihren Beruf, ihr Haus, ihr Umfeld, ihre vertraute Umwelt? Zugleich müssen wir uns fragen, wie es für die aussieht, die sich Jesus innerlich angeschlossen haben, aber nicht mit ihm gewandert, sondern zu Hause geblieben sind. Schließlich stellt Jesus selbst die Frage, was mit denen ist, die gar nichts von Jesus wissen. Kann die große Mehrheit der Menschen irgendwie Jünger Jesu sein?

Vorweg etwas Entscheidendes: Die Nachfolge Jesu, wie sie uns im Neuen Testament begegnet, steht nicht im luftleeren Raum. Jesus ist nicht ohne seine Vorgeschichte zu verstehen. Seine Sendung und sein Auftrag sind nicht zu trennen von der Sendung Israels, sie stehen in der »Geschichte der Sammlung des Gottesvolkes von Abraham bis heute«.[6] In seinem Buch »Braucht Gott die Kirche? Zur Theologie des Volkes Gottes« geht der Exeget Gerhard Lohfink der Frage nach, wozu es überhaupt Kirche gibt und was eigentlich die Sendung des Volkes Gottes von den ersten Anfängen an bis heute ist. Die Sendung Jesu ist unlösbar verbunden mit der Erwählung des jüdischen Volkes, des Volkes Gottes. Wir können Jesus nicht ohne den Alten Bund haben. Es ist eine Geschichte von Berufungen, eine Geschichte der Aussonderung und des Auftrags, eine Geschichte von Sendung und Ermächtigung. Wenn wir Jesus und seine Nachfolge für unsere Zeit neu bedenken wollen, dürfen wir ihn und uns nie loslösen von der langen Geschichte des Alten Bundes. Wenn man Jesus ohne das Alte Testament haben wollte, wäre das wie Geigensaiten ohne Klangkörper. Wir können Jesus nicht verstehen ohne Israel, das erwählte Volk.

Hier stehen wir schon am Anfang unseres Weges an einer wichtigen Weggabelung. Wenn wir unseren Auftrag heute als Jünger und Jüngerinnen Christi neu verstehen wollen, dann müssen wir auf den Weg des jüdischen Volkes schauen. Das ist unsere Vorgeschichte, das jahrhundertelange Einüben eines Weges mit dem Willen Gottes. Es bedeutet einzuüben, was es heißt, das Joch der Erwählung zu tragen, wie die Juden sagten. Für Katholiken in Ländern, in denen wir lange gewohnt waren, eine oft komfortable Mehrheit zu sein, ist es ein schwieriger Lernprozess, sich auf eine neue Situation einzustellen, in der bekennende Christen sich in ihrer Umwelt, ihrem Beruf, ihrem Freundeskreis, Kollegenkreis weitgehend als Minderheit erfahren, selbst wenn die Mehrheit der Bevölkerung bei uns und in vielen Teilen Europas sich als christlich, als katholisch bezeichnet. Ein jüdischer Bekannter hat mich in Israel zum Flughafen begleitet. Unterwegs haben wir über die Situation der Kirche in Österreich gesprochen. Er hat mich gefragt, wie das so ist, und ich habe ihm ein wenig erzählt von den vielen Kirchenaustritten, dem heftigen Gegenwind, den die Kirche in unserem Land hat. Dann hat er mir lächelnd gesagt: »Wir sind seit Jahrhunderten gewohnt, ob du als Jude sympathisch oder unsympathisch bist, ob du Applaus findest oder nicht, eines ist sicher: Du bist immer ein Jude! Und damit wirst du, zumindest ist es in weiten Teilen unserer Welt noch heute so, auch ein bisschen schief angeschaut.« Und er hat gesagt: »Ihr werdet euch daran gewöhnen, ihr Katholiken, ›welcome on board‹, sozusagen, was immer ihr macht: Na ja, die Kirche ... Ob mit Erfolg oder Misserfolg, ob kritisiert oder gelobt: die Kirche, die Katholiken ...« Das soll nicht pessimistisch machen, sondern uns in das einüben, was Jüngerschaft im Sinne Jesu bedeutet.

Ein Wort des großen jüdischen Schriftstellers und Psychologen Manès Sperber, der in Wien und vor allem in Paris gelebt hat, macht das deutlich. Er schreibt in seiner Autobiographie »Die Wasserträger Gottes. All das Vergangene ...« den bitterernsten Satz: »Nur wenige Nichtjuden haben je begriffen, dass das jüdische Leid nicht etwa trotz, sondern vor allem wegen der Auserwähltheit zu unserem Schicksal geworden ist. Indem Gott mit uns ein Bündnis schloss, warf er den göttlichen Ziegelstein seiner Gnade auf uns. Seither tragen wir die erdrückende Last der Auserwähltheit wie einen Fluch und sollen ihn doch dreimal am Tag wie einen Segen preisen.«[7] Das ist sicher etwas bitter gesagt, aber eine ernste und tiefe Wahrheit. Das Joch der Erwählung zur Jüngerschaft Jesu steht in der Tradition der Erwählung des jüdischen Volkes.

»Wer mein Jünger sein will, der verleugne sich selbst, nehme sein Kreuz auf sich und folge mir nach« (Mt 16, 24). Hier liegt der entscheidende Punkt für den Reformweg, zu dem der Herr uns einlädt: Es geht um eine neue Sicht unserer christlichen Berufung. Gerhard Lohfink hat das erfahren. Er hat seinen Lehrstuhl an der Universität aufgegeben und sich einer neuen christlichen Gemeinschaft angeschlossen. Er schreibt: »Nirgendwo beschäftigt sich die Bibel mit Pastoralplänen und Seelsorgestrategien. Stattdessen zeigt sich auf fast jeder Seite: Gott handelt nicht überall, sondern an konkreten Orten. Er handelt nicht jederzeit, sondern in einer bestimmten Stunde. Er handelt nicht durch jedermann, sondern durch Menschen, die er sich auswählt. Wenn wir das nicht wieder begreifen, wird es in unseren Tagen keine Erneuerung der Kirche geben. Denn dieses alte Prinzip der Heilsgeschichte gilt auch heute.«[8] Gott handelt durch Menschen, die er sich erwählt. Gehören wir dazu? Das war die Frage, die ich mir als Jugendlicher gestellt habe: Gehöre ich zu denen, die erwählt sind zu einem bestimmten Auftrag, einer bestimmten Sendung?

Jesus beruft Jünger

Wie war es am Anfang? Jesus beginnt sein öffentliches Wirken damit, dass er einzelne Menschen zu sich ruft und sie um sich sammelt. Die Kirche ist die Sammlung der Menschen in und um Jesus. Die ersten Berufungen werden beim Evangelisten Markus ganz knapp geschildert. Zwei Fischer, Simon und sein Bruder Andreas, sind bei der Arbeit. Jesus geht am Ufer vorbei und sagt: »Kommt, folgt mir nach! Ich will euch zu Menschenfischern machen« (Mk 1, 17). Jesus ruft sie mit Autorität, ganz bestimmt und ohne Diskussion: Möchtet ihr, passt euch das? Die Konsequenzen beschreibt Markus direkt: »Sogleich ließen sie ihre Netze liegen und folgten ihm nach« (Mk 1, 18). Nachfolge Christi bedeutet ganz wörtlich: mit Jesus gehen, sich auf den Weg machen, alles verlassen, sein Leben teilen, eine unbehauste Wanderschaft in Armut. Der Kreis von Menschen, der mit Jesus geht, wird bald größer. Es entsteht eine größere Gruppe, die mit ihm das arme Wander- und Predigerleben teilt. Aus diesem wachsenden Kreis wählt er an einem bestimmten Zeitpunkt zwölf Männer aus. Markus schreibt: Jesus »stieg auf einen Berg und rief die zu sich, die er selbst wollte, und sie kamen zu ihm. Und er schuf *(epoiesen)* Zwölf, dass sie mit ihm seien und dass er sie aussende, zu verkünden und Vollmacht zu haben, Dämonen auszutreiben« (Mk 3, 13–15 nach der Übersetzung Gerhard Lohfinks). Dann folgt die Liste der zwölf Apostel.

Welche Rolle spielt dieser Kreis der Zwölf? Sind sie sozusagen das Urmodell jeder Nachfolge? Muss jeder, der Jesus nachfolgen will, in dieses Muster, oder haben sie einen besonderen Auftrag? Sind sie eine Kerntruppe, der sich dann möglichst viele anschließen sollen? Oder sind sie eine besondere Gruppe, die nur für sich steht? Wie so oft gibt es hier kein Entweder-oder, sondern ein Sowohl-als-auch. Die Kirche ist apostolisch, wie wir sie im Glaubensbekenntnis bekennen. Die Zwölf sind zwei-

Berufen zur Jüngerschaft

fellos der Kern des apostolischen Amtes. Jesus hat sie bewusst gewählt, um seiner Gemeinschaft, seiner Familie eine klare Struktur zu geben. Markus sagt, er »schuf« die Zwölf. Der Ausdruck ist derselbe wie der, den die Bibel auf der ersten Seite für die Erschaffung der Welt gebraucht. Jesus setzt einen Schöpfungsakt, eine Neuschöpfung. Gott schafft sie, wie er die Welt schafft. Die Welt erschafft er aus nichts, und auch die Berufung der Zwölf ist etwas ganz Neues. Die Bibel gebraucht diesen Ausdruck schon für das Volk Israel, Gott schafft das erwählte Volk (vgl. Jes 43, 1). Nicht die Zwölf haben sich das ausgedacht, sondern so wie der Schöpfer die Erschaffung der Welt gewollt hat, so hat er diese Zwölf gewollt. Er rief die zu sich, die er wollte. Er konstituiert sie, er bildet diese Gruppe.

Jesus wählt Zwölf in einer ganz bestimmten Absicht. Wir wissen aus der Bibel: Die zwölf Stämme Israels bilden das ganze Volk, sie stammen von den zwölf Söhnen Jakobs ab. Das ganze Volk Israel, das erwählte Volk: Dieses Bild will Jesu wieder herstellen. Es soll in den zwölf Aposteln gewissermaßen einen neuen Kern haben. »Nicht ihr habt mich erwählt, sondern ich habe euch erwählt«, sagt ihnen Jesus im Abendmahlsaal kurz vor seinem Leiden (Joh 15, 16). Sie haben sich auch nicht gegenseitig gewählt, sie sind so unterschiedlich und widersprüchlich, wie es nicht größer gedacht werden kann. Da ist ein Zöllner Levi, Matthäus, also ein Kollaborateur mit der Besatzungsmacht, den Römern, und da ist ein Simon der Kanaanäer, der Zelot, einer der radikalen Feinde der Besatzungsmacht. Die sollen jetzt eine Gemeinschaft werden. – Daneben sind unsere Pfarren harmlos! – Dazwischen sind Leute aus ganz alltäglichen Berufen, manche Fischer, von den anderen wissen wir es nicht.

Jesus holt diese Zwölf in seine Lebensschule. Ein großer Teil der Evangelien besteht darin, zu zeigen, wie Jesus sie in seine Schule genommen hat. Mit unglaublicher Ehrlichkeit und Offenheit wird berichtet, wie oft sie »schlechte Noten« bekommen oder ihre Hausaufgaben nicht schaffen, weil die Lebensschule Jesu nicht ganz einfach ist. Die Zwölf stellen das Amt der Kirche dar. Das Kollegium der Bischöfe folgt dem Kollegium der zwölf Apostel. Aber die Zwölf sind auch so etwas wie eine Mustergruppe für jedes christliche Miteinander, für die christliche Gemeinschaft. Jesus hat sie zusammengeführt, um ihnen das Amt zu geben, aber auch damit sie, wie Markus sagt, »mit ihm seien«. Das ist das erste Ziel ihrer Berufung, das alle Christen gemeinsam haben. Mit Jesus sein ist der Kern der christlichen Berufung, die bleibende Basis jedes christlichen Lebens. Das meiste, was wir über die »Lebensschule« Jesu wissen, wissen wir aus dem, was Jesus mit seinen zwölf Aposteln gemacht hat, wie sie bei ihm gelernt haben. Es ist auffallend, dass Jesus dafür keine »Fachleute« ausgewählt hat, eine große Anfrage an die Kirche heute. Da ist kein einziger Schriftgelehrter, kein Pharisäer, keiner aus der Gruppe der religiös besonders Engagierten und auch kein Sadduzäer aus der religiösen Priesterelite des Tempels in Jerusalem. Sie sind alle einfache »Laien«. Es ist Glaube der Kirche, dass Jesus sie zu Priestern, zu Hirten gemacht hat, indem er ihnen den Auftrag gegeben hat: »Tut dies zu meinem Gedächtnis!« (Lk 22, 19).

Die Apostelgeschichte sagt das ausdrücklich. Als Petrus und Johannes vor dem Hohen Rat stehen, weil sie an der Goldenen Pforte des Tempels einen Gelähmten geheilt haben, werden sie zur Rede gestellt, warum sie das getan haben und vor allem warum sie den Namen Jesu propagieren. Danach heißt es in der Apostelgeschichte: »Als die Ratsherren den Freimut des Petrus und Johannes wahrnahmen und merkten, dass es ungelernte und ungebildete Männer waren, wunderten sie sich. Sie erkannten, dass sie mit Jesus gewesen waren« (Apg 4, 13). Im griechischen Text steht hier *idiotai* (davon kommt unser Wort Idioten). Das heißt Jesus wählt Ungebildete als Zeugen seiner Frohbotschaft aus. Die Ratsherren »erkannten, dass sie mit Jesus gewesen waren«. Ich wünschte mir, man könnte auch an uns erkennen, dass wir mit Jesus waren! So wichtig es auch ist, Theologie zu studieren, das Entscheidende ist, mit Jesus zu sein. Daher haben diese einfachen Männer die Weisheit und den Mut, sich vor dem Hohen Rat zu Jesus zu bekennen und von ihm Zeugnis zu geben.

Die Familie Jesu

In Jesu Schule müssen die Zwölf neue Menschen werden. Dazu will Jesus sie zu seiner Familie machen. Sie müssen ein neues Miteinander lernen, dessen tiefster Grund, dessen eigentliches Geheimnis nichts anderes ist als das Miteinander von Jesus mit dem Vater. Im Abendmahlsaal wird Jesus für seine Zwölf beten und für alle, die durch sie einmal zum Glauben kommen werden, sie »sollen eins sein: Wie du, Vater, in mir bist und ich in dir bin, ... sie sollen eins sein, wie wir eins sind« (Joh 17, 21–22). Sie sollen an Jesu Einssein mit dem Vater lernen, was es heißt, Familie Jesu zu werden.

Es gab in Israel verschiedene Modelle, wie man ein Jünger sein kann. Das Lehrer-Schüler-Verhältnis spielt im Judentum eine ganz große Rolle. Man geht zu einem Rabbi, um sein Schüler zu werden, um die Tora zu studieren. Es ist etwas Wunderbares, wie im jüdischen Leben bis heute dieses Lehrer-Schüler-Verhältnis zwischen einem Rabbiner und seinen Schülern gelebt wird. Paulus selbst war Schüler des Gamaliël, er erinnert daran, dass er diesem großen Rabbiner zu Füßen gesessen ist und bei ihm gelernt hat (vgl. Apg 22,3). Die Rabbiner hatten ihre Schülerkreise. Im Schülerkreis eines Rabbiners ist die Tora, das Gesetz Gottes, in der Mitte. Alles dreht sich darum. Ich erlebte in New York in der Yeshiva-University junge Studenten, die mit einem unglaublichen Eifer die Tora und ihre Auslegung durch die Mischna und den Talmud studieren. Ich kann das nur bewundern und mir wünschen, dass wir mit einem ebensolchen Eifer die Heilige Schrift studieren, durcharbeiten, ja »durchkauen«.

Bei Jesus und seinen Schülern ist es allerdings anders. Rainer Riesner, ein großer deutscher evangelischer Exeget, hat das so gesagt: »Jesu Jünger und Rabbinerschüler unterscheiden sich vor allem darin grundlegend voneinander, dass Jesus seine Jünger an seine eigene Person band.«[9] Er ist die Mitte dieses Jüngerkreises. An ihm sollen sie lernen. Er ist die lebendige Tora. Wenn er bei der Bergpredigt sagt: »Den Alten ist gesagt worden ...« – das heißt in der Tora und ihrer Auslegung – »ich aber sage euch ...«, ist er der Mittelpunkt. Kein Rabbiner hätte es gewagt, sich so in den Mittelpunkt zu stellen, wie es Jesus gemacht hat. Ist das Selbstüberschätzung? Eine Art Guru-Mentalität? Oder liegt es daran, dass er wirklich der Meister ist? »Ihr nennt mich Meister und Herr, und ihr sagt richtig, denn ich bin es«, sagt Jesus (Joh 13, 13–14). Aber er sagt das in einem Moment, da er den Aposteln im Abendmahlsaal die Füße gewaschen hat. Das ist der niedrigste Knechtsdienst, den man sich vorstellen kann. Zu ihm kommen die Jünger nicht, um die Tora zu studieren, um miteinander zu diskutieren und zu interpretieren, sondern er selbst ist das Gesetz in Person. Er gibt den Jüngern auf dem Berg der Seligpreisungen das neue Gesetz, wie Gott am Sinai dem Mose die Tora gegeben hat. Wenn nun Jesus selbst die Mitte seines Jüngerkreises ist, dann verändert sich auch das Beziehungsnetz unter den Menschen, die ihn zur Mitte haben.

Das Meister-Schüler-Verhältnis verändert sich in der Gemeinschaft mit Jesus. Aber auch die Familienbande ändern sich im Umfeld Jesu. Das muss zuerst einmal die eigene Familie Jesu bitter erleben. Markus berichtet, dass die Verwandten Jesu nach Kafarnaum kommen, um ihn nach Nazaret heimzuholen, zurück in die Familie, denn sie sagen: Er ist verrückt geworden (vgl. Mk 3, 21). Sie wollen ihn mit Zwang zurückholen. Es gibt einen Familienegoismus, einen Clangeist, der mit der Nachfolge Jesu unvereinbar ist. Die Familie Jesu versucht es ein zweites Mal, schon etwas vorsichtiger. Das Haus ist voll mit Menschen, Jesus drinnen, viele Menschen bei ihm. Da berichtet man ihm: »Deine Mutter und deine Brüder und Schwestern sind draußen und suchen dich« (Mk 3, 32). Man würde erwarten, Jesus steht sofort auf und geht hinaus, begrüßt seine Familie. Seine Reaktion ist ganz anders: »Wer ist meine Mutter und wer sind meine Brüder?« Dann zeigt er auf die Menschen, die um ihn herum sind und sagt: »Wer den Willen meines Vaters tut, der ist mir Bruder, Schwester, Mutter« – nicht der Ruf des Blutes, nicht der Familienstolz, sondern eine neue Familie. Nachfolge Jesu ist etwas anderes als ein Arbeitsvertrag, eine Partnerschaft, eine »Joint Mission« sozusagen, bei der man miteinander ein wenig Mission macht und dann wieder auseinandergeht. Durch die Nachfolge Jesu entsteht eine neue Bindung, eine neue Gemeinschaft, man wird Glied der Familie Jesu. Wir werden zu seinen Geschwistern, ja, zu seiner Mutter. Gleichzeitig müssen aber die in die Familie Aufgenommenen bereit sein, sich von ihrer leiblichen Familie zu lösen, notfalls im Konflikt, mit Spaltungen und Feindschaft. »Jesus verlangt also von seinen Jüngern die entschiedene Abkehr von der eigenen Familie ... An die Stelle ihrer Familie ... tritt die Lebensgemeinschaft mit Jesus ... Die Lebensgemeinschaft des Jüngers mit Jesus ist *Schicksalsgemeinschaft*. Sie geht so weit, dass der Jünger bereit sein muss, dasselbe zu erleiden wie Jesus – notfalls sogar Verfolgung oder Hinrichtung« (Gerhard Lohfink).[10] Das Schönste, das geschehen kann, ist, wenn die eigene Familie in die Familie Jesu hineinwächst. Das kann oft ein schmerzlicher Prozess sein, der nur über den Weg der Bekehrung, der Umkehr geht, wo die fleischlichen, die natürlichen Familienbande durch den Glauben etwas Neues werden. Christus transformiert sie, wandelt sie um in Freundschaft, in Beziehung zu seiner Familie, zu dem, was sie vom Schöpfer her sein soll. Dann entsteht jene tiefe Geborgenheit, die die Familie Jesu uns schenken soll, bei aller Unsicherheit des Weges der Nachfolge. Wenn Jesus sagt: »Einer ist euer Meister, ihr alle seid Brüder« (Mt 23, 8), dann zeigt das dieses neue Verhältnis, das durch die Nachfolge zwischen uns entstehen soll.

Sind alle zur Jüngerschaft berufen?

Sind wir alle zur Jüngerschaft berufen? Ist Christsein Jüngerschaft? Die Antwort ist nicht ganz einfach. Im Neuen Testament finden wir Stellen, wo es ganz klar gesagt wird: Alle sind wir zur Jüngerschaft berufen. So sagt der heilige Paulus im ersten Korintherbrief: »Treu ist Gott, durch den ihr berufen worden seid zur Gemeinschaft mit seinem Sohn Jesus Christus« (1 Kor 1,9). Oder: »Nicht anders, als der Herr es ihm zugeteilt hat, und so wie Gott ihn berufen hat, soll jeder leben« (1 Kor 7,17). Alle haben also einen Ruf zur Gemeinschaft mit Christus, aber der Ruf kann sehr verschieden sein. In der Brotrede in der Synagoge von Kafarnaum sagt Jesus, Jesaja (54,13) zitierend: »Und alle werden Schüler Gottes sein« (Joh 6,15).

Wir sind alle berufen, in die Schule Jesu zu gehen. Alle sind wir zur Heiligkeit berufen. Das ist Kernlehre des Zweiten Vatikanums. Das zentrale fünfte Kapitel der Kirchenkonstitution *Lumen Gentium* handelt von der »Allgemeinen Berufung zur Heiligkeit in der Kirche«. »Seid vollkommen, wie auch euer Vater im Himmel vollkommen ist«, so lautet ein Kernsatz der Bergpredigt Jesu (Mt 5,48).

Das Konzil meint: »Jedem ist also klar, dass alle Christgläubigen jeglichen Standes oder Ranges zur Fülle des christlichen Lebens und zur vollkommenen Liebe berufen sind« (Lumen Gentium 40). Wenn ein Papst heiliggesprochen wird, dann nicht, weil er Papst war, sondern weil er sein Christsein vorbildlich gelebt hat. Darin hat er keinem anderen Christen etwas voraus. Allen steht der Weg zur Heiligkeit offen, aber die Berufungen, die Wege der Heiligkeit sind verschieden, entsprechend dem Ruf, den jeder bekommen hat.

Sind alle berufen, Jünger, Jüngerinnen Jesu zu werden? Die Frage hat durch alle Jahrhunderte bewegt. Galten die radikalen Berufungsworte Jesu für alle oder nur für einige besonders Berufene? Auf wen bezieht sich das Wort Jesu: »Die Ernte ist groß, aber es gibt nur wenige Arbeiter. Bittet also den Herrn der Ernte, dass er Arbeiter in seine Ernte sende« (Mt 9,38)? Es wird gerne bei Fürbitten um Priester- und Ordensberufe verwendet. Das ist nicht unberechtigt, aber es ist nicht alles. Eines ist hier wohl richtig erspürt: In die Ernte des Herrn gesendet zu werden ist eine besondere Berufung, die vom Herrn zu erbitten ist. Nicht alle werden in diese Aufgabe gesendet. Jesu Wort setzt voraus, dass es andere gibt, die nicht dazu berufen sind, aber darum bitten sollen, dass der Herr genügend Erntearbeiter sende.

Die Evangelien zeigen uns: »Jesus ruft nicht alle in seine Nachfolge.«[11] Er ruft alle zur Umkehr: »Kehrt um und glaubt an die frohe Botschaft« (Mk 1,15), nicht alle ruft er in die direkte Nachfolge. Den Zöllner Levi-Matthäus ruft er von der Zollstelle weg: »Folge mir nach!« (Mk 2,14). An Zachäus, einen anderen Zöllner in Jericho, richtet Jesus keinen Ruf der Nachfolge. Er bleibt in seinem Beruf. Aber er hat sich bekehrt. Sein Leben ist neu geworden, sein Beruf derselbe geblieben (vgl. Lk 19,1–10). Auch bei den Frauen gibt es diesen Unterschied. Lukas berichtet:

> In der folgenden Zeit wanderte Jesus von Stadt zu Stadt und von Dorf zu Dorf und verkündete das Evangelium vom Reich Gottes, und die Zwölf waren mit ihm, außerdem Frauen, die er von bösen Geistern und von Krank-

heiten geheilt hatte: Maria von Magdala, aus der sieben
Dämonen ausgefahren waren, Johanna, die Frau des Chu-
zas, eines Beamten des Herodes, Susanna und viele andere. Sie alle dienten ihnen [Jesus und den Jüngern] mit
dem, was sie besaßen.

Lukas 8, 1–3

Diese Frauen sind mit Jesus von Galiläa bis Jerusalem mit-
gezogen, ein für damals sicher eher ungewöhnliches Verhalten. Sie sind bei der Kreuzigung Jesu nicht weggelau-
fen: »Alle seine Bekannten aber, auch die Frauen, die ihm
von Galiläa her gefolgt waren, hatten alles von Weitem
mit angesehen« (Lk 23, 49). Diese Frauen sind bei der
Grablegung dabei und kommen am Morgen des über-
nächsten Tages zum Grab mit den Salben und dem Bal-
sam, den sie vorbereitet hatten (vgl. Lk 23, 55–24, 1).

Sind diese Frauen in besonderer Weise »Jüngerinnen«?
Auf jeden Fall gibt es andere, die Jesus ganz nahe stehen,
ja mit ihm befreundet sind, ihm aber nicht auf seinem
Weg nachfolgen, keine besondere Mission haben. Ich
denke hier an Jesu Freunde in Betanien, Marta, Maria
und Lazarus, in deren Haus Jesus sich willkommen wusste und die er besonders liebte.

Gerhard Lohfink schließt daraus: »Jesus ruft nicht
ganz Israel in die Jüngerschaft. Es gibt neben den Jüngern
ein breites Spektrum von Menschen, die sich dem Evangelium Jesu öffnen und seinen Umkehrruf ernst nehmen,
aber nicht in seine unmittelbare Nachfolge treten. So er-
geben sich wie von selbst drei Gruppen: der Kreis der
Zwölf, der in den Evangelien bereits mit den ›Aposteln‹
gleichgesetzt wird – der Kreis der Jünger, der bedeutend
größer ist, aber ebenfalls in der unmittelbaren Jesusnach-

folge steht – und schließlich das Volk, insoweit es die Botschaft Jesu positiv aufnimmt.«[12]

Apostel – Jünger – Volk: Ist das nicht wieder eine Unterscheidung, die zum »Etage-Denken« führt? Die Gefahr besteht, da die »Berufenen«, dort das »Volk« zu sehen, hier die in der Nachfolge Lebenden, dort die sich mit der Welt Abgebenden. Geht dabei nicht die gemeinsame Berufung aller Christen, aller Getauften verloren? Diese Gefahr gab es immer, und es gibt sie auch heute. Sie schwindet aber, sobald wir auf den Kern der Botschaft Jesu schauen. Nicht alle sind zur selben Lebensform der Nachfolge berufen, alle aber zur Umkehr. Allen gilt die Bergpredigt mit ihren wahrhaft radikalen Worten, gleich ob sie »sesshafte« oder »nachwandernde« Christen sind, »Jünger« oder »Volk«. Die Bergpredigt verlangt, dass wir nicht nur die böse Tat, sondern schon jedes ärgerliche Wort gegen die Glaubensgeschwister unterlassen (Mt 5, 22). Sie verlangt, »die Ehe eines anderen (und natürlich auch die eigene) so ernst zu nehmen, dass man eine fremde Frau nicht einmal begehrend anblickt« (Mt 5, 29–30). Sie verlangt, »dass es kein Verschleiern und Verdrehen der Sprache mehr gibt, sondern nur noch absolute Eindeutigkeit« (Mt 5, 37), und »dass man jedem gibt, der einen um etwas bittet« (Mt 5, 42).[13]

Das gilt für alle Christen. Da gibt es kein Zwei-Stufen-Ethos, eine vollkommenere Lebensform der Apostel und Jünger und eine weniger vollkommene des übrigen Gottesvolkes. Beide Lebensformen ergänzen sich. Das war schon in der Urkirche so und ist heute nicht anders: Die Jünger, die unterwegs sind, bedürfen der »Häuser«, die sich ihnen öffnen, der Familien, die sie aufnehmen und unterstützen. Aber in beiden Lebensformen geht es um eine »Ganzhingabe«: Sie besteht im Tun des Willens Gottes im Alltag. Die gemeinsame Berufung zur Heiligkeit liegt immer im *magis*, im »Mehr« an Liebe, in der je größeren Hingabe.

Jesus liebt es, dieses »Mehr« gerade an Menschen deutlich zu machen, die ihn gar nicht kennen. Am ergreifendsten geschieht das, als Jesus seine Jünger auf die arme Witwe im Tempel hinweist, die gar nichts davon weiß. Sie hat nur zwei Kupfermünzen in den Tempelschatz geworfen, viel weniger als die anderen. Aber die haben alle nur etwas von ihrem Überfluss gegeben. Sie dagegen alles, was sie zum Leben hatte, wörtlich: »ihr ganzes Leben«. Sie hat deshalb, so sagt Jesus, »*mehr* als alle« gegeben (Mk 12, 41–44).

Heißt Christsein Jünger, Jüngerin Jesu sein? So lautete unsere Ausgangsfrage. Wenn darunter die Nachfolge der Apostel und der Jünger und Jüngerinnen, die mit Jesus unterwegs waren, gemeint ist, dann sind nicht alle, die an Christus glauben, auch in diese Lebensform gerufen. Alle aber sind zur Umkehr und zur Radikalität der Bergpredigt gerufen. Jesus selbst ist der Lehrmeister dieses Weges. Auf ihn schauen, in seiner Gemeinschaft leben, ist die gemeinsame Lebensschule aller, die an ihn glauben.

Die aber, denen das Geschenk, die Gnade des Glaubens zuteil geworden ist, seien an das Evangelium vom Christkönigssonntag, erinnert: Beim Weltgericht wussten die Gerechten gar nicht, dass sie Christus begegnet sind, Gott gedient haben, ebenso die Verdammten. Sie haben einfach den Nächsten in Not gesehen oder übersehen; sie haben geholfen oder Hilfe unterlassen (vgl. Mt 25, 31–46). Wir sind alle in die Lebensschule Jesu geladen. Eine der wichtigsten Lehren in dieser nie abgeschlossenen Schule ist es, staunend und dankbar zu sehen, dass andere darin schon viel weiter sind als wir. Manchmal auch solche, die gar nicht wissen, dass sie in dieser Lebensschule sind, und nicht wissen, wie gut ihr »Lernerfolg« ist!

III. »Herr, lehre uns beten«

—〰—

Die Gebetsschule Jesu

In der Lebensschule Jesu ist jeder herzlich willkommen. Aber wie in jeder Schule muss man auch wollen. Was, so frage ich mich, will ich von Jesus lernen? Wer zu einem Geigenlehrer geht, will Geige spielen lernen. Wer in die Fahrschule geht, will fahren lernen. Aber was will ich in der Schule Jesu lernen? Weiß ich ganz persönlich eine Antwort auf diese einfache Frage?

Jesus kennenlernen

Die beiden Ersten, die Jesu nachfolgten, waren die Jünger Johannes' des Täufers, Andreas, der Bruder des Simon Petrus, und der Lieblingsjünger (Johannes, wie die Tradition mit guten Gründen angenommen hat). Als sie hinter Jesus her gingen, drehte er sich um und fragte: »Was wollt ihr?« (Joh 1,38). – Was wollen wir? Was suchen wir? Was erhoffe ich mir, von Jesus zu lernen? Erhoffe ich überhaupt etwas? Die Frage lohnt sich. Vielleicht führt sie auch zu einer peinlichen Überraschung: Habe ich überhaupt darüber nachgedacht, was ich von Jesus lernen will?

Man spricht in der Pädagogik gerne von »Lernzielen«. Was ist mein Lernziel? Bin ich lernwillig, neugierig darauf, von Jesus etwas zu lernen? Auf die Frage Jesu »Was sucht ihr?« haben die beiden künftigen Jünger geantwortet: »Meister, wo wohnst du?« Meistens beginnt es damit, dass man jemanden neu kennenlernen möchte. Kennen wir Jesus?[14] »Kommt und seht!«, war Jesu Antwort. Das erste Lernziel der Apostel war, Jesus kennenzulernen. »Sie sahen, wo er wohnte, und sie blieben diesen Tag bei ihm« (Joh 1, 39), heißt es weiter. Das ist das erste und wichtigste in der Lebensschule Jesu: ihn persönlich kennenlernen. Die Lehren Jesu sind wichtig, aber es gilt zuerst, mit ihm Umgang zu haben, mit ihm vertraut zu werden, mit ihm eine Freundschaft aufzubauen. Es geht in der Lebensschule Jesu nicht zuerst darum, möglichst viel Wissen anzusammeln, auch wenn das wichtig ist. Es geht nicht um etwas, sondern um jemanden. Ihn zu kennen und ihn zu lieben ist der größte Lernerfolg. »Wir möchten Jesus sehen« (Joh 12, 21), haben Griechen, also Heiden, die zum Osterfest nach Jerusalem gekommen waren, zu den Jüngern Jesu gesagt: Neugierde, kennenlernen wollen, Interesse an diesem Mann, von dem man so viel redet. Ohne Interesse gibt es kein Lernen. Das wissen alle, die im Lehrberuf tätig sind oder studieren.

Eine zweite Frage ist ebenso wichtig: Was will Jesus uns beibringen? Was ist sein pädagogisches Ziel? In die Schule gehen wir, weil wir lernen wollen oder müssen. Aber was wir lernen, bestimmen die Lehrer. Was will Jesus uns beibringen?

Es gibt einen Begriff, der in der Lehre Jesu so oft vorkommt, dass der Eindruck entsteht, das ist der Inbegriff dessen, was Jesus lehren wollte, das Wort »Reich Gottes« oder im Matthäusevangelium (um den Gottesnamen zu vermeiden) »Himmelreich«. Beim Evangelisten Markus heißt es ganz am Anfang: »Nachdem man Johannes, den Täufer, ins Gefängnis geworfen hatte, ging Jesus wieder nach Galiläa; er verkündete das Evangelium Gottes und sprach: Die Zeit ist erfüllt, das Reich Gottes ist nahe. Kehrt um und glaubt an das Evangelium« (Mk 1,14–15). Matthäus spricht vom »Evangelium vom Reich« (Mt 4,23). Das ist der eigentliche Inhalt der Lehre Jesu. Aber was will Jesus lehren, wenn er vom »Reich Gottes«, vom »Himmelreich« spricht? Allein bei den sogenannten Synoptikern, also bei Matthäus, Markus, Lukas, kommt das Wort »Reich Gottes« 99-mal vor, davon 90-mal im Mund Jesu. Insgesamt kommt es im Neuen Testament 122-mal vor. Jesu Lehre setzt eindeutig einen Akzent auf das Reich Gottes. Es ist die Botschaft Jesu.[15]

Jesus kündigt an, dass das Reich Gottes kommt, es ist nahe, bricht herein, wächst und wird angefochten. Aber was ist das Reich Gottes, was sollen wir darüber lernen? Jesus spricht einmal davon, dass wir »Jünger des Himmelreiches«, des Reiches Gottes werden sollen (Mt 13,52). Wir sollen Schüler werden, Lernende, und da Lernen nicht Selbstzweck ist, sollen wir auch in der Lage sein, Lehrende des Reiches Gottes zu werden.

Die Jünger Jesu haben nicht zuerst durch die Worte Jesu gelernt, sondern durch seine Taten und noch mehr durch ihn selbst. Sein Vorbild, sein Verhalten, war die erste Schule. Noch bevor es um die Lehre ging, ging es um die Person. Was wirklich im Gedächtnis bleibt ist das, was der Mensch darstellt. Wenn ich mich an meinen wunderbaren Deutschlehrer im Gymnasium erinnere, ist es vor allem der Eindruck von seiner Persönlichkeit, der mir geblieben ist. Die Gedichte, die wir auswendig lernen mussten, habe ich großteils vergessen.

Das Beten Jesu

Ein Zug im Leben Jesu hat die Jünger beeindruckt, geprägt und hat wohl auch uns viel über Jesu Lehre, mehr noch über seine Person zu sagen, nämlich das Beten Jesu. Markus beschreibt den ersten Tag Jesu in Kafarnaum, das öffentliche Wirken, nachdem er von Nazaret nach Kafarnaum übersiedelt ist. Es ist ein Tag intensiver Begegnungen mit einer Heilung in der Synagoge. Am Abend des Sabbats, als die Sabbatruhe vorbei war, kommen die Menschen in Scharen zu seinem Haus. Er heilt viele Kranke, Besessene. Ein erfolgreicher, ein intensiver erster Tag. Dann aber, am nächsten Tag, es ist nach dem Sabbat, also der erste Tag der Woche, heißt es bei Markus: »Früh morgens, als es noch dunkel war, erhob sich Jesus, ging weg, begab sich an einen einsamen Ort und betete dort« (Mk 1,35).

Die Jünger suchen und finden ihn, sie sind überrascht: Was machst du da? Was ist das? Sie sind ja erst frisch bei ihm, erst am Anfang der Lebensschule mit Jesus. Sicher waren sie beeindruckt von dem, was sie erlebt haben, von den ersten Heilungen und Dämonenaustreibungen. Aber unverwechselbar eingeprägt und wohl am tiefsten in die Jüngerschaft eingeführt hat sie das Erlebnis, dass ihr Meister betet, stundenlang, nächtelang. Er zieht sich zurück in die Einsamkeit, oft auf einen Berg und betet. Die Jünger »ertappen« ihn dabei. Ohne viele Worte seinerseits darüber zu verlieren, hat er durch sein Beten wohl die tiefste Sehnsucht nach Jüngerschaft ausgelöst. Durch das Erlebnis seines Betens, durch sein Vorbild erweckt er die Sehnsucht der Jünger, es ihm gleichzutun.

Was geht da in ihm vor, wenn er so lange Zeit im Gebet verbringt? Faszinierend ist das Gebet. Die ersten Mitbrüder des heiligen Dominikus († 1221), unseres Ordensvaters, haben ihn gerne in der Nacht beobachtet, wenn er allein in der Kirche gebetet hat. In Santa Sabina in Rom auf dem Aventin gibt es heute noch ein Fensterchen, wo man hinuntersieht in die Kirche, und die Tradition sagt, dort haben die Brüder hinuntergeschaut und ihn beobachtet, wie er stundenlang in der Nacht gebetet hat. Bei den ersten Jüngern Jesu muss es ähnlich gewesen sein. Lukas berichtet: »Jesus betete einmal an einem Ort; und als er das Gebet beendet hatte, sagte einer seiner Jünger zu ihm: Herr, lehre uns beten, wie schon Johannes seine Jünger beten gelehrt hat« (Lk 11,1). Darauf lehrt Jesus sie das Vaterunser. Beeindruckend an dieser Szene ist die Note des Respekts, die man spürt. Sie trauen sich nicht, Jesus beim Gebet zu unterbrechen. Sie warten, bis er das Gebet beendet hatte. Wie lange hat das wohl gedauert?

Als Papst Johannes Paul II. († 2005) bei seinem dritten Besuch in Österreich 1998 zum Gottesdienst in den Salzburger Dom eingezogen ist, war bei einem Seitenaltar vor dem Tabernakel eine kurze Gebetszeit geplant. Er hatte offensichtlich völlig vergessen, dass da Tausende Menschen und das Fernsehen warteten, und verbrachte zwanzig Minuten betend dort. Es ist für mich unvergesslich, wie er eingetaucht ist ins Gebet. Das Gebet eines Menschen löst spontan Respekt und Behutsamkeit aus, zumindest bei Menschen, die halbwegs sensibel dafür sind.

Das ist das Geheimnis des Gebets. Gebet ist universal, genauso universal wie die Religion. Es gehört einfach zum Menschsein. Es ist deshalb auch sinnvoll und möglich, eine Phänomenologie des Gebets zu schreiben, eine Beschreibung des Gebetsverhaltens, verschiedener Gebetsweisen und Gebetsformen. Friedrich Heiler († 1967) hat ein dickes Buch geschrieben: »Das Gebet. Eine religionsgeschichtliche und religionspsychologische Untersuchung« (München 1919). Darin hat er vergleichend, beschreibend, nicht wertend dargestellt, wie gebetet wird.

Für mich unvergesslich waren 1977 betende Frauen in einem buddhistischen Tempel in Taiwan. Das Gebet ist unverkennbar, eindrucksvoll, wenn man etwa in eine Moschee kommt, wo Menschen sich niedergeworfen haben zum Gebet. Beten lernen gehört in allen Religionen zum Weg des religiösen Lebens. Formeln und Formen muss man lernen. Gebete haben ihre Traditionen. Ich war sehr beeindruckt, in der Türkei ein Heftchen für junge Muslime über die Gebetsformen, die Ausdruckformen des Gebetes, die körperlichen Haltungen etc. zu bekommen. Das ist eine Gebetsschule. Normalerweise lernt man das Gebet zu Hause, von Eltern, Großeltern. Wie viele haben in der Sowjetunion noch von der »Babuschka«, der Großmutter, das Beten gelernt. So hat wohl auch Jesus von seinen Eltern und in der Synagoge in der Tradition seines Volkes beten gelernt. Die jüdische Gebetswelt ist faszinierend, ein großer Schatz der Gebetskultur mit den Psalmen, den liturgischen Gebeten. »Jesus betet mit jenen Worten und jenen Formen, mit denen sein Volk in der Synagoge von Nazaret und im Tempel betet«, heißt es im Katechismus (KKK 2599). Die jüdische Welt des Gebetes hat im Vergleich zu anderen Religionen etwas Besonderes. Sie kennt eine Vertrautheit mit Gott, die etwas Neues darstellt. Das jüdische Beten ist Antwort auf einen Gott, der den Menschen anspricht, sich ihm offenbart.

Das kann zu einer Innigkeit und einer Nähe führen, die anderen Religionen fremd ist. Es ist kein Zufall, dass das jüdische Volk, das erwählte Volk, beim Propheten von Gott in engster Vertrautheit als »mein Sohn« angesprochen wird (vgl. Hos 11,1; Mt 2,15). Aber was die Jünger mit Jesus erleben, geht weit darüber hinaus. Das ist einmalig selbst im Judentum, ein Maß an Vertrautheit, das man auch in der großen jüdischen Tradition nicht findet. Lukas spricht am häufigsten über das Gebet Jesu. Er lässt uns schon sehr früh ahnen: Da gibt es einen Punkt im Leben Jesu, der etwas Einzigartiges ist. Als der zwölfjährige Jesus in Jerusalem im Tempel zurückbleibt, suchen ihn seine Eltern voll Sorge. »Nach drei Tagen fanden sie ihn im Tempel; er saß mitten unter den Lehrern, hörte ihnen zu und stellte Fragen.« Maria sagt: »Dein Vater und ich haben dich voll Angst gesucht!« Jesus scheint sich darüber zu wundern: »Warum habt ihr mich gesucht? Wusstet ihr nicht, dass ich in dem sein muss, was meinem Vater gehört?« Jesus sagt: »Ich muss in dem sein, was meinem Vater gehört« (Lk 2,46.48–49). Hier offenbart sich etwas Neues, das für seine Eltern schwer begreiflich ist. Die Vertrautheit, die Jesus mit Gott hat, den er seinen Vater nennt, ist etwas Einzigartiges.

Beten zum Dreifaltigen

Viele sagen, die Kirche habe Jesus zu Gott gemacht, den einfachen Mann aus Galiläa, aus Nazaret. Sie habe ihn vergöttlicht und zum Sohn Gottes erhoben. Diese Frage hat heute, abgesehen von der Diskussion innerhalb der

Christenheit, eine große Aktualität bekommen durch den Islam. Denn wenn es einen Punkt gibt, in dem der Islam das Christentum fundamental kritisiert, ist es der Anspruch der Gottheit Jesu. Von Anfang an war es der zentrale Vorwurf des Islam gegen das Christentum. Gewiss hat Mohammed zu Beginn seiner Tätigkeit gegen den »älteren arabischen Polytheismus« gekämpft, aber die Experten sagen, dann wurde der Angriff gegen den Glauben an die Dreifaltigkeit immer deutlicher, der Vorwurf, die Christen würden an drei Götter glauben, seien also doch letztlich Polytheisten.[16]

In der berühmten Sure 112 im Koran heißt es: »Sprich: Gott ist Einer, ein ewig-alleiner, er hat nicht gezeugt, und ihn zeugt keiner, und ihm gleich ist nicht einer« (diese Sure steht übrigens als Spruchband im Felsendom in Jerusalem). Das scheint sich doch ausdrücklich gegen das christliche Bekenntnis zu richten, denn das christliche Credo sagt, dass Christus, der Sohn Gottes, »gezeugt, nicht geschaffen« ist. Wie radikal der Koran das versteht, sieht man an der Sure 4,48, wo die Vielgötterei als unvergebbare Sünde bezeichnet wird. Dort heißt es: »Siehe, Allah vergibt nicht, dass man ihm Götter beigesellt. Was darunter liegt, vergibt er, wem er [es vergeben] will. Wer Allah [andere Götter] beigesellt, der hat eine gewaltige Sünde ersonnen.« Das heißt wohl, alle anderen Sünden können vergeben werden, aber diese, Allah andere Götter beizugesellen, kann nicht vergeben werden.[17]

Beten die Christen zu drei Göttern? Ist unser christliches Beten Götzendienst? Wir beten zum Vater im Vaterunser, dann beten wir wieder zu Jesus, etwa im Jesusgebet oder in einzelnen Gebeten der Liturgie, oder wir beten zum Heiligen Geist: *Veni creator spiritus*

(»Komm, Schöpfer Geist«). Beten wir da immer zum selben Gott, zu *einem* Gott? Das ist eine vitale Frage. Können wir über unseren Glauben Rechenschaft ablegen? Können wir argumentieren, warum wir an den einen Gott, Vater, Sohn und Heiliger Geist, glauben, ein Gott in drei Personen? Wir müssen noch besser auskunftsfähig über unseren Glauben werden, aber es genügt nicht, nur rationale Argumente zu haben. Die entscheidende Frage ist die existenzielle: Wie beten wir? Beten wir zu drei Göttern? Oder beten wir zu dem einen Gott, wenn wir zum Vater, zum Sohn, zum Heiligen Geist beten?

Wir müssen in die Schule Jesu gehen und fragen: Wie hast du gebetet, Herr? Zeige uns, wie ist dein Gebet? Wie ist das mit seinem Gebet, wenn Jesus der Sohn Gottes ist? Betet Gott zu Gott? Was bedeutet es, dass Jesus stundenlang in der Nacht gebetet hat? Die Jünger scheinen gerade durch die Erfahrung des Gebetes Jesu zum Geheimnis Jesu den tiefsten Zugang gefunden zu haben. Ja, gerade wenn sie Jesus beten sehen und betend erleben, erschließt sich ihnen das innerste Geheimnis Jesu.

Ich möchte hier sozusagen die Hand meines Lehrers Joseph Ratzingers/Benedikt XVI. ergreifen, der in einem besonders tief gehenden und eindrucksvollen Beitrag aus den frühen 1980er-Jahren, »Christologische Orientierungspunkte« genannt[18], versucht hat, vom Beten Jesu auszugehen, um das innerste Geheimnis Jesu zu erspüren, genauso wie es den ersten Jüngern ergangen ist, als sie Jesus beten gesehen haben. Es geht darum, gewissermaßen den Ort zu erspüren, wo Jesus wohnt, wo er seine Mitte hat, wo sein Herz ist, seine Quelle. Diese Mitte ist das Wort »Abba«, lieber Vater. Jesus ist, wenn er betet, beim Abba, beim Vater. Und so erleben es die Jünger.

Sicher ist jeder, der betet, irgendwie auf Gott ausgerichtet. Aber wenn Jesus in seinem Gebet bei Gott ist, dann ist er das wie kein anderer. Was die Jünger da erahnen, hat bei ihnen die Sehnsucht erweckt, diesen Ort kennenzulernen: »Meister, wo wohnst du? – Kommt und seht« (Joh 1,38– 39). Das bewegt mich immer wieder. Diese Begegnung der ersten beiden Jünger mit Jesus ist so etwas wie der Schlüssel: »Meister, wo wohnst du?« Nicht nur, wo ist deine Adresse, sondern: Wo bist du zu Hause, wo ist dein Lebensgeheimnis, deine Bleibe *(pou meneis)*? Es ist schlicht und einfach das Wort Abba. Jesus ist, wie Johannes im Prolog sagt, »beim Vater«, oder noch ausdrücklicher am Schluss: »im Schoß des Vaters« (Joh 1,1.18).

Zu dieser Klarheit sind die Jünger sicher nicht gleich am Anfang gekommen, als sie frühmorgens aus Kafarnaum hinausgingen, Jesus suchten und ihn dann irgendwo in der Natur fanden, wie er in der Einsamkeit betete. Sie erleben Jesus in einer einzigartigen Zwiesprache. Sie verstehen im Umgang mit ihm mehr und mehr, dass sein Wort und sein Tun, sein ganzes Wesen aus dieser Quelle kommt. Sie ahnen, dass Jesus nicht aus sich heraus spricht, nicht aus sich heraus handelt, sondern dass er aus dieser Zwiesprache mit dem Vater heraus lebt. »Denn darin ist das gesamte Evangelienzeugnis einhellig, dass Worte und Taten Jesu aus seinem innersten Zusammensein mit dem Vater hervorgingen.«[19] Das ist die Quelle. Bevor Jesus die Zwölf aus der ersten Schar seiner Jünger auswählt, verbringt er, so heißt es bei Lukas, die ganze Nacht betend auf einem Berg. Dazu schreibt Joseph Ratzinger: »Die Berufung geht aus dem Gebet, aus dem Reden des Sohnes mit dem Vater hervor. Die Kirche wird in dem Gebet geboren, in dem Jesus sich dem Vater zurückgibt und der Vater dem Sohn alles übergibt. In dieser tiefsten Kommunikation von Sohn und Vater verbirgt sich der wahre und immer neue Ursprung der Kirche, der zugleich ihr verlässliches Fundament ist« (vgl. Lk 6, 12–17).[20] Jesus schöpft aus dieser ständigen inneren Verbundenheit mit dem Abba, dem Vater.

Kardinal Ratzinger nennt ein zweites Beispiel, wo wieder Lukas uns daran erinnert, dass Jesus im Gebet war. Es ist der Moment bei Cäsarea Philippi, als Petrus Jesus als den Messias, den Christus bekennt. Bei Lukas heißt es: »Jesus betete einmal in der Einsamkeit, und die Jünger waren bei ihm. Da fragte er sie: Für wen halten mich die Leute?« Dann fragt er sie nach einer Weile: »Ihr aber, für wen haltet ihr mich?« Worauf Petrus ihn als den Messias bekennt (Lk 9, 18–20). »So macht der Evangelist [Lukas] deutlich, dass Petrus in dem Augenblick das Eigentliche der Person Jesu begriff und aussagte, in dem er ihn betend in seinem Einssein mit dem Vater erblickt hat. Wer Jesus ist, sieht man [...] dann, wenn man ihn in seinem Beten sieht.« Wenn wir Christen Jesus als Messias und Sohn bekennen, ist das nicht eine Theorie, nicht eine Hypothese, sondern etwas, das sich im Gebet erschließt. Noch einmal Kardinal Ratzinger: »Die gesamte Rede von Christus – die Christologie – [ist] nichts anderes, als die Auslegung seines Betens.«[21] Jesus eins mit dem Vater, das haben die Jünger erfahren, wenn sie ihn betend erlebt haben. So stammt das grundlegende christliche Bekenntnis, dass er der Sohn ist, mehr aus der Erfahrung als aus den Worten Jesu. »Du bist der Messias, der Sohn des lebendigen Gottes«, sagt Petrus. Jesus sagt: »Nicht Fleisch und Blut haben dir das offenbart, sondern mein Vater im Himmel« (Mt 16, 16–17). Das zu erkennen ist nicht eine

Sache der Theorie, sondern der Offenbarung, die über das Herz geht. »Die ganze Person Jesu ist in seinem Beten enthalten« (Joseph Ratzinger).[22]

Wie hat Jesus sein Gebet nach außen dringen lassen, wenn er es ausgesprochen hat? Meistens betet er ja in der Stille, in der Nacht auf dem Berg, in der Einsamkeit. Das Evangelium überliefert uns als ein Beispiel für ein Gebet den »Jubelruf« Jesu nach der schweren Enttäuschung über den Unglauben an den Orten seines Wirkens, Chorazin, Betsaida und Kafarnaum (vgl. Mt 11,20–24):

> Ich preise dich, Vater, Herr des Himmels und der Erde, weil du all das den Weisen und Klugen verborgen, den Unmündigen aber offenbart hast. Ja, Vater, so hat es dir gefallen. Mir ist von meinem Vater alles übergeben worden; niemand kennt den Sohn, nur der Vater, und niemand kennt den Vater, nur der Sohn und der, dem es der Sohn offenbaren will.
>
> *Matthäus 11,25–27*

Vater und Sohn sind unterschieden und doch so völlig eins, dass wir den Vater nicht ohne den Sohn und den Sohn nicht ohne den Vater verehren und anbeten können. Das ist die Antwort auf die Herausforderung des Islam: Wenn wir zu Christus beten, dann beten wir nicht zu einem anderen Gott. Dann ist das nicht jemand, »den wir Gott beigesellen«, wie der Koran sagt. Das wäre ein Missverständnis des christlichen Gebets, zu dem die Christen vielleicht auch selbst beigetragen haben. Wir beten vielmehr durch Jesus Christus zum Vater im Heiligen Geist. Wir beten nie zum Vater ohne den Sohn. Wir beten nie zum Heiligen Geist, ohne den Vater und den Sohn.

Jesus ist eins mit dem Vater, »eines Wesens mit dem Vater«. Vielleicht kommt das am stärksten in den wenigen Gebetsworten am Kreuz, die wir überliefert empfangen haben, zum Ausdruck. Gerade in dieser extremen Situation der Todesnot betet Jesus. Alle vier Evangelien stellen uns Jesus in seiner Passion als Betenden vor. Nach den Evangelien, sagt Kardinal Ratzinger, »ist Jesus betend gestorben. Er hat seinen Tod zu einem Gebetsakt, zu einem Akt der Anbetung gemacht«.[23] Zuerst: »Vater, vergib ihnen, denn sie wissen nicht, was sie tun« (Lk 23,34). »Mein Gott, mein Gott, warum hast du mich verlassen?«, aus Psalm 22,2 (Mk 15,34). Dann an den Vater vor dem großen Schrei, mit dem er stirbt: »Vater, in deine Hände lege ich meinen Geist« (Lk 23,46). Jesus ist bis zum letzten Atemzug, bis er den Geist am Kreuz aushaucht, ganz Gebet. Sein Leben und sein Sterben sind ganz eins mit dem Vater.

Der Geist betet in uns

»Herr, lehre uns beten!« Wenn ich auf Jesus schaue, wie er betet, und sehe, dass sein ganzes Leben Gebet ist, dann bin ich versucht zu sagen: Das kann ich nicht lernen. Das schaffe ich nicht, es geht völlig über meine Fähigkeiten. Ich bete zwar an manchen Momenten des Tages. Aber wie sollen wir schwache Menschen, die wir kaum einen konsequenten Willensakt zusammenbringen, die wir kaum ein Vaterunser konzentriert beten können, so völlig in das Gebet eintauchen wie Jesus, der nicht neben anderen Dingen betet, sondern dessen Wesen, dessen Leben

Gebet ist? Sicher haben wir Menschen erlebt, die Felsen des Gebets sind. Einer ist Papst Johannes Paul II. Ein anderes eindrucksvolles Beispiel ist Padre Pio († 1968). Trotzdem sagt ein so großer Beter wie Paulus: »Wir wissen nicht, worum wir in rechter Weise beten sollen« (Röm 8, 26). Deshalb kommt er zu dem Schluss: Das kann nur Gott machen! Gott selbst muss in uns beten, sonst wird nichts daraus. »Der Geist selbst tritt ... für uns ein mit Seufzen, das wir nicht in Worte fassen können. Und Gott, der die Herzen erforscht, weiß, was die Absicht des Geistes ist: Er tritt so, wie Gott es will, für die Heiligen ein« (Röm 8, 26–27).[24]

Wir sind noch unendlich weit entfernt von dem Gebet, das im Herzen Jesu lebt, von diesem das ganze Leben erfassenden Austausch von Vater und Sohn. Wir sehen Jesus beten, wir wollen beten wie er und seufzen über unsere Unfähigkeit. Wir wissen nicht nur nicht, wofür wir eigentlich beten sollen, sondern auch nicht, wie wir eigentlich beten sollen. Schmerzliches Seufzen unserer Unfähigkeit: Je mehr wir spüren, wie wenig wir an das Gebet Jesu, dieses vollständige In-Gott-Sein, dieses innergöttliche Gespräch, heranreichen, umso eher sind wir bereit, bei Jesus wirklich in die Schule zu gehen. Er ist ein anderer Lehrer als unsere Schulmeister, Professoren und Katecheten, denn er kann durch den Geist lehren, was wir nur erbitten können. Der Heilige Geist lehrt uns beten, ja er selbst betet in uns. »Nicht du bist es, der betet. Das Gebet ist kein Werk des Menschengeistes. Je geringer unser Anteil daran ist, desto besser beten wir«, sagt ein geistlicher Meister des 17. Jahrhunderts (Claude Séguenot, † 1676). Mit leeren Händen gehen wir in die »Betschule« Jesu. Er, der wirkliche Beter, macht uns zu seinen Kindern, zu seinen Söhnen und Töchtern. Durch seinen Geist betet er selbst in uns. Das ist das eigentliche Geheimnis des christlichen Betens. So arm unser Gebet auch sein mag, der Heilige Geist, der in uns betet, macht es möglich, dass wir dann doch wirklich selbst beten können, schlicht und vertrauensvoll wie Kinder, die zu ihrem Vater sprechen können.

Gerhard Lohfink schreibt: »Beten heißt letztlich einschwingen in das Gespräch zwischen dem Vater, dem Sohn und dem Heiligen Geist, nicht aus eigener Kraft und Fähigkeit, sondern ermächtigt durch die Kindschaft, die dem Christen in der Taufe geschenkt wird.«[25] In dieser Kraft dürfen wir es wagen, in der Schule Jesu Betende zu sein.

IV. »Ich aber sage euch …«

—ᴠᴠ—

Die Bergpredigt als Lebensschule Jesu

Es war im Jahr 391, als ein damals schon weithin bekannter Rhetor, Augustinus (†430), in der Hafenstadt Hippo
(Nordafrika) zu Besuch war. Bischof Valerius war alt,
kränklich und wünschte sich einen Helfer, einen Priester,
der ihm beisteht. Da er hörte, dass der berühmte Augustinus in der Kirche war, beschloss er kurzerhand, ihm die
Hände aufzulegen. Das Volk war begeistert und drängte
Augustinus nach vorne. Er hatte keine Chance, sich dieser
Begeisterung zu entziehen. So war er plötzlich Priester
und sollte dem kränklichen Bischof helfen, indem er den
Predigtdienst übernahm. – Solche Priesterweihen haben
wir heute nicht mehr. Es war in der Alten Kirche durchaus nicht unüblich, dass jemandem kurzerhand die Hände
aufgelegt wurden, wenn die Leute sich ihn dringend als
Priester gewünscht haben.

Augustinus merkte, dass er für seine neue Aufgabe zu
wenig vorbereitet war, und erbat von seinem Bischof dafür einige Monate Zeit. Er schreibt in einem Brief:

> Seelisch bin ich noch kraftlos. Was ich brauche, sind die
> Arzneien der Heiligen Schrift. Diese muss ich notwendig
> studieren, bis jetzt hatte ich keine Zeit dazu. Ich weiß
> jetzt aus erster Hand, was ein Mann benötigt, der den
> Dienst des Sakramentes und des Wortes Gottes verwal-

tet. Darf ich nicht zu erlangen versuchen, was ich noch nicht besitze?

Augustinus[26]

Augustinus zieht sich also zurück und nutzt die Zeit, um intensiv die Heilige Schrift zu studieren. Das hieß damals, sie weitgehend auswendig zu lernen. Es war bis in die Neuzeit durchaus keine Seltenheit, dass man die Heilige Schrift weitgehend auswendig konnte, so wie es heute noch viele Menschen gibt, die den Koran auswendig können, schon Kinder, die ganz stolz vorgeführt werden. Das Christentum kannte diese Tradition ebenso wie das Judentum.

Dann trat Augustinus seinen Predigtdienst an und hielt seine erste Predigtreihe über die Bergpredigt.[27] Einleitend sagt er: »Diese Predigt hielt unser Herr Jesus Christus auf einem Berg, wie wir im Matthäusevangelium lesen. Wer sie ehrfürchtig und nüchtern liest, wird in ihr, so glaube ich, die vollkommene Weise des christlichen Lebens *(perfectum vitae christianae modum)* finden, hinsichtlich dessen, was zu den besten Sitten gehört *(ad mores optimos pertinet)*« (I,1, eigene Übersetzung). Man lernt also in der Bergpredigt das vollkommene christliche Leben.

Augustinus glaubte offensichtlich, dass er seinen großteils sehr einfachen Pfarrkindern in dieser Hafenstadt die Bergpredigt auch zumuten konnte. »Für Augustinus und die frühe Kirche richtet sich die Bergpredigt an das ganze Volk und damit an alle Christen« (Susanne Greiner).[28] Ist das wirklich so? Ist die Bergpredigt *die* Charta des christlichen Lebens und damit die Charta der Lebensschule Jesu? Zeigt sie den Weg, wie Jüngerschaft zu leben ist? Augustinus ist überzeugt, dass nirgendwo so deutlich das

Die Bergpredigt Jesu

Fundament des christlichen Lebens gezeigt wird wie in der Bergpredigt. Dass gerade hier die vollkommene Weise des christlichen Lebens vorliegt, schließt Augustinus aus den Worten Jesu, mit denen die Bergpredigt endet:

> Wer diese meine Worte hört und danach handelt, ist wie ein kluger Mann, der sein Haus auf Fels baute. Als nun ein Wolkenbruch kam und die Wassermassen heranfluteten, als die Stürme tobten und an dem Haus rüttelten, da stürzte es nicht ein; denn es war auf Fels gebaut.
>
> *Matthäus 7, 24–25*

Jesus sagt ganz präzis: *»diese meine* Worte«. Für Augustinus liegt in den Worten der Bergpredigt und in ihrer Befolgung der Felsengrund, auf den das Haus des christlichen Lebens solid gebaut werden kann. Er sagt in der ersten Predigt: »Diese auf dem Berg gesprochenen Worte sollen das Leben all der Menschen, die sie befolgen wollen, so vollkommen prägen, dass sie zu Recht mit einem, der auf Fels baut, verglichen werden können« (I,1). Die Bergpredigt ist also die Charta des christlichen Lebens.

Kann man an der Befolgung der Bergpredigt gewissermaßen messen, wie weit man in der Jüngerschaftsschule Jesu gekommen ist? Ist die Bergpredigt die Charta des christlichen Lebens oder ist sie der Ausdruck einer besonders radikalen Form? Ist die Bergpredigt Jesu eine Sondermoral für Elitechristen oder spricht sie alle Christen an, vielleicht sogar alle Menschen?

An wen richtet sich die Bergpredigt?

Die Bergpredigt umfasst drei Kapitel im Matthäusevangelium (5–7), beginnend mit den Seligpreisungen, dann folgen die sogenannten Antithesen – »den Alten ist gesagt worden, ich aber sage euch« –, danach Belehrungen über das Beten, Fasten und Almosengeben, das wir im Verborgenen tun sollen, damit es nur unser Vater im Himmel sieht, und schließlich die großen Hinweise auf das Vertrauen in die Vorsehung Gottes: »Macht euch keine Sorgen!«

An wen richtet sich die Bergpredigt? Am Beginn heißt es: »Als Jesus die Volksscharen sah, stieg er auf einen Berg, und als er sich gesetzt hatte, traten seine Jünger zu ihm und er öffnete seinen Mund und lehrte sie« (Mt 5, 1–2). Haben die Tausende Menschen ihn nicht gehört, hat er nicht zu ihnen gesprochen? Jesus sieht die vielen Menschen, richtet sein Wort aber an die Jünger. Ist die Bergpredigt Jüngerbelehrung oder Volksbelehrung?

Ein anderer großer Prediger der frühen Kirche, der heilige Johannes Chrysostomos (†407), schreibt in seinen Predigten zum Matthäusevangelium zu dieser Stelle: »Seine Jünger traten zu ihm und er lehrte sie. Auf die Weise werden auch die übrigen weit mehr zur Aufmerksamkeit angeregt, als wenn er seine Rede auf alle ausgedehnt hätte.«[29] Vielleicht war es für Chrysostomos ein rhetorischer Trick, er redet zu einigen, unmittelbar um ihn, die anderen werden neugierig und hören umso genauer hin, was er diesen da sagt. Papst Benedikt vertieft das:

> Jesus setzt sich – Ausdruck der Vollmacht des Lehrenden. Er nimmt auf der »Kathedra« [dem Lehrstuhl] des

Berges Platz ... Jesus sitzt auf der »Kathedra« als Lehrer Israels und als Lehrer der Menschen überhaupt. Denn ... mit dem Wort »Jünger« grenzt Matthäus den Kreis der Adressaten dieser Rede nicht ein, sondern weitet ihn aus. Jeder, der hört und das Wort annimmt, kann ein »Jünger« werden. Auf das Hören und Nachfolgen kommt es in Zukunft an, nicht auf die Abstammung. Jüngerschaft ist jedem möglich, Berufung für alle: So bildet sich vom Hören her ein umfassenderes Israel – ein erneuertes Israel, das das alte nicht ausschließt oder aufhebt, aber überschreitet ins Universale hinein.

Benedikt XVI.[30]

Alle können Hörer der Bergpredigt werden, und alle können deshalb Jünger werden. »Beides gilt: Die Bergpredigt ist in die Weite der Welt, Gegenwart und Zukunft hinein gerichtet, aber sie verlangt doch Jüngerschaft und kann nur in der Nachfolge Jesu im Mitgehen mit ihm verstanden und gelebt werden.«[31]

Die Bergpredigt richtet sich an alle Menschen aller Zeiten, aber unter der Voraussetzung der Jüngerschaft. Sie beginnt mit den acht Seligpreisungen, der unerschöpflichen Charta der Jüngerschaft. Dann folgen zwei Bildworte, mit denen Jesus die Mission der Jünger beleuchtet: »Ihr seid das Salz der Erde ...« »Ihr seid das Licht der Welt ...« (vgl. Mt 5,13–14). Salz und Licht spricht eher eine Minderheitssituation an. Salz ist ja normalerweise nur in Prisen in der Speise, es ist nicht die Speise selbst. Licht erleuchtet den Raum, aber es ist nicht der Raum. Hier ist also ein Kontrast zwischen »euch« und »der Erde«, »der Welt«, zwischen den Jüngern und der Welt. Diese Spannung besteht auch in den sogenannten »Antinomien« der Tora: »Ihr habt gehört, dass zu den Alten gesagt worden ist: Du sollst nicht töten ... Ich aber sage euch: Jeder, der seinem Bruder auch nur zürnt, soll dem Gericht verfallen sein ... Ihr habt gehört, dass gesagt worden ist: Du sollst nicht die Ehe brechen. Ich aber sage euch: Wer eine Frau auch nur lüstern ansieht, hat in seinem Herzen schon Ehebruch mit ihr begangen ...« (Mt 5, 21–22.27–28).

An wen richten sich diese Antithesen, diese Radikalisierungen der Gebote? Kommt darin eine Elitemoral gegenüber der allgemeinen Norm zum Ausdruck, ein Ideal, das so hoch ist, dass man eher entmutigt wird? An wen richtet sich Jesus, wenn er am Anfang des sechsten Kapitels sagt: »Achtet darauf, dass ihr eure Gerechtigkeit nicht vor den Menschen übt, um von ihnen gesehen zu werden« (Mt 6, 1)? Das Almosengeben, das Beten und Fasten, also die klassischen Frömmigkeitsformen auch im Judentum, sollen im Verborgenen gelebt werden, nicht als Show, nicht um von allen gesehen zu werden, sondern nur vor dem himmlischen Vater, der sie auch belohnen wird. Dann folgen die Hinweise auf den himmlischen Vater, dem wir vertrauen sollen: Macht euch keine Sorgen, schaut auf die Lilien des Feldes, die Vögel des Himmels, sie säen nicht, sie ernten nicht, und doch ernährt sie euer himmlischer Vater (vgl. Mt 6, 25–26). Deshalb sollen wir vertrauensvoll bitten, sollen uns seinem Willen überlassen. Das ist der Weg, den Jesus in der Bergpredigt weist. Ganz am Schluss noch einmal: »Wer *diese meine* Worte hört, befolgt, der hat auf Fels gebaut.«

Die Tora des Messias

Die Bergpredigt sind die Worte Jesu. Es ist nicht irgendein Diskussionsbeitrag zur Ethikdebatte, sondern Jesu
ausdrückliches Wort: »Als Jesus diese Worte beendet
hatte, waren die Volksscharen ganz betroffen von seiner
Lehre, denn er lehrte sie wie einer, der Vollmacht hat,
und nicht wie ihre Schriftgelehrten« (Mt 7,28–29).
Seine Worte sind nicht vergleichbar mit Schul- oder
Theologendiskussionen, sondern nur mit dem Wort
Gottes selbst. So wie Gott am Sinai zu Mose gesprochen
hat, so spricht jetzt Jesus zu den Jüngern. Man nennt die
Bergpredigt deshalb die »Tora des Messias«: die Tora
des Mose auf dem Berg Sinai, die Tora des Messias,
des Christus, auf dem Berg der Seligpreisungen. Im
Weihnachtsevangelium, am Ende des Johannesprologs,
heißt es: »Das Gesetz wurde durch Mose gegeben, die
Gnade und die Wahrheit kamen durch Jesus Christus«
(Joh 1,17). Der Bezug zwischen den beiden Bergen ist
oft gezeigt worden: der Berg Sinai, auf dem Mose das
Wort Gottes, die Tora, empfangen hat und der Berg
der Seligpreisungen, wo Christus Jesus die Tora des
Messias gegeben hat. Am Sinai spricht Gott zu Mose
»von Angesicht zu Angesicht«, wie es im Buch Deutero-
nomium heißt (Dtn 34,10), wie sonst noch nie mit
einem Menschen, »wie der Freund mit dem Freund«,
so heißt es auch schon im Exodus (Ex 33,11).[32] Mose
empfängt unmittelbar von Gott die Weisung, die Tora.
»Nur von dort her konnte das Gesetz kommen, das
Israel den Weg durch die Geschichte weisen sollte.«[33]
Mose verkündet die Verheißung am Ende seines Lebens:
»Einen Propheten wie mich wird der Herr, dein Gott,

aus deiner Mitte, unter deinen Brüdern erstehen lassen, auf ihn sollt ihr hören« (Dtn 18,15).

Dieser verheißene Prophet ist Jesus. »In Jesus«, sagt Papst Benedikt, »ist die Verheißung des Propheten erfüllt. Bei ihm ist nun vollends verwirklicht, was von Mose nur gebrochen galt: Er lebt vor dem Angesicht Gottes, nicht nur als Freund, sondern als Sohn; er lebt in innigster Einheit mit dem Vater.«[34] Die Lehre Jesu, die Bergpredigt, kommt nicht aus menschlichem Studium, sondern aus der unmittelbaren Berührung Jesu mit dem Vater, gewissermaßen aus dem Dialog von Gesicht zu Gesicht, aus dem Sehen dessen, der an der Brust des Vaters ruht (vgl. Joh 1,18). Das Wort Jesu ist als Sohneswort wirklich Gottes Wort. Wären die Worte der Bergpredigt einfach ein Diskussionsbeitrag zur Ethikdebatte des Judentums damals oder heute, dann wäre der Anspruch, unter dem sie stehen, völlig überzogen. Kein Ethiker, kein Philosoph dürfte mit einem solchen Anspruch auftreten: »Ich aber sage euch!«

Ein amerikanischer Rabbiner und großer jüdischer Gelehrter, Jacob Neusner, der die unglaubliche Leistung von mehreren hundert Büchern hervorgebracht hat, hat das spannende und hochinteressante Buch geschrieben: »Ein Rabbi spricht mit Jesus«.[35] Er bat Joseph Ratzinger, das Buch zu lesen und ihm einen Kommentar zu geben, und erhielt die Antwort, es sei »das bei weitem wichtigste Buch für den jüdisch-christlichen Dialog seit langem«. Eigentlich, so der Papst, habe ihn dieses Buch angeregt, sein Jesus-Buch zu schreiben. Rabbi Neusner erklärt in seinem Buch, »warum ich mich dem Kreis der Jünger Jesu nicht angeschlossen hätte, wenn ich im ersten Jahrhundert im Land Israel gelebt hätte«. Und er schreibt: »Ich

Die Bergpredigt Jesu

hätte meine Ansicht, hoffentlich höflich, auf jeden Fall mit Argumenten und Fakten vernünftig begründet, dargelegt. Wenn ich seine Bergpredigt gehört hätte, wäre ich ihm aus guten und wichtigen Gründen nicht nachgefolgt.«[36] Die Gründe stellt er in seinem Buch dar.

Papst Benedikt XVI. hat darauf zu antworten versucht, ebenso mit Argumenten und Fakten vernünftig begründet. Daraus ist ein großes Gespräch geworden, das weit über die gegenseitigen Höflichkeiten so manchen ökumenischen Dialogs hinausgeht. Hier geht es um den ganzen Ernst der Frage, die Neusner entschieden und klar stellt, ob die Tora des Mose wirklich einer Reform bedurfte. Jesus, so sagt Neusner, »erhob den Anspruch zu reformieren und zu verbessern: ›Ihr habt gehört, dass … gesagt worden ist: … Ich aber sage euch …‹ Wir behaupten — und darüber streite ich auch —, dass die Tora vollkommen war und ist und nicht verbessert werden kann und dass die jüdische Religion … in Vergangenheit und Gegenwart Gottes Wille für die Menschheit war und ist. Auf dieser Grundlage will ich aus jüdischer Sicht einigen wichtigen Lehren Jesu widersprechen.«[37]

Rabbi Neusner redet nicht einfach *ex auctoritate,* weil das in der Bibel so geschrieben steht, sondern er argumentiert. Er argumentiert auch, dass die Wege der Bergpredigt Jesu in ihren sozialen und praktischen Konsequenzen problematisch sind. Genau diese Herausforderung hat Papst Benedikt aufgegriffen: Ist die Bergpredigt wirklich lebbar? Ist sie nicht ein unerreichbares Ideal, das wegen seiner Höhe mehr entmutigt als ermutigt? Fördert es nicht gerade wegen seiner Höhe jene Heuchelei, die Jesus den Pharisäern und Schriftgelehrten so oft vorgeworfen hat und die ja auch unter Christen durchaus ihre Blüten treibt?

Rabbi Neusner hat sich ehrlich und klar entschieden, dass er dem Rabbi Jesus von Nazaret nicht nachfolgt und nicht sein Jünger wird.

Eine der eindrucksvollsten Szenen im Buch macht das deutlich. Rabbi Neusner mischt sich unter die Hörer Jesu. – In der biblischen Sicht sind wir ja Zeitgenossen und können sozusagen gleichzeitig bei den biblischen Ereignissen dabei sein. – Er nimmt die Gelegenheit wahr, den Rabbi Jesus selbst anzusprechen, ihn ins Gespräch zu verwickeln, ihm Fragen zu stellen. Er begegnet dabei auch dem reichen Jüngling, hört und erlebt das Gespräch Jesu mit ihm. Am Abend dieses Tages verabschiedet er sich von Jesus: »Als Freunde gehen wir auseinander, ohne Wenn und Aber als Freunde.«[38] Das ist das Große an diesem Buch, das hält er aufrecht: in Verehrung und Freundschaft und doch in einem klaren Nein. Rabbi Neusner zieht sich dann zurück, ich stelle mir vor ins Städtchen Chorazin, um alleine zu sein, um über das Gehörte nachzudenken im Gebet, im Torastudium, um die jüdische Gemeinde zu treffen und mit dem dortigen Rabbiner das Ganze zu besprechen. In dieser schön erdachten Szene fragt der Rabbiner, was er denn gelehrt hat, der Rabbi Jesus. Stimmt es überein mit dem, was die Rabbiner lehren? Rabbi Neusner sagt dazu: »Ich: ›Nicht genau, aber ungefähr.‹ Er: ›Hat er etwas weggelassen?‹ Ich: ›Nichts.‹ Er: ›Was hat er dann hinzugefügt?‹ Ich: ›Sich selbst.‹«[39] Joseph Ratzinger: »Dies ist der zentrale Punkt des Erschreckens vor Jesu Botschaft für den gläubigen Juden Neusner, und dies ist der zentrale Grund, warum er Jesus nicht folgen will, sondern beim ›ewigen Israel‹ bleibt: Die Zentralität des *Ich* Jesu in seiner Botschaft, die allem eine neue Richtung gibt. Neusner zitiert an dieser Stelle als

Die Bergpredigt Jesu

Beleg für diese ›Hinzufügung‹ das Wort Jesu an den reichen jungen Mann: ›Wenn du vollkommen sein willst, geh, verkauf deinen Besitz, komm und folge mir‹ (vgl. Mt 19,20). Die Vollkommenheit, das von der Tora verlangte Heiligsein, wie Gott heilig ist (Lev 19,2; 11,44), besteht jetzt darin, Jesus nachzufolgen.«[40] Das ist der Punkt, wo Rabbi Neusner klar sagt, er werde Jesus, ohne seinen Respekt vor ihm aufzugeben, nicht nachfolgen.

Jesus ist selbst die Tora

Zwi Werblowski, Professor der Hebräischen Universität in Jerusalem, hat vor vielen Jahren in Fribourg an der Universität einen Vortrag gehalten und das jüdisch-christliche Verhältnis auf eine Kurzformel gebracht: »Was für uns die Tora ist, ist für euch Christus!« Ja, für uns Christen ist Jesus Christus die Verkörperung des Willens Gottes, die lebendige Norm. Er ist das Gesetz Gottes in Person und die Bergpredigt in Person. Er spricht von sich in der Bergpredigt, macht sie gewissermaßen an sich selbst anschaulich. Für das, was gemeint ist, kann man an ihm Maß nehmen. Aber bleibt dann nicht doch wieder die Gefahr, dass ein hohes Ideal entsteht, das im Alltag nicht durchgehalten werden kann? Oder liegt die Bergpredigt auf einer anderen Ebene, als das praktische Alltagsleben?

Die Seligpreisungen können nicht zum Staatsgrundgesetz werden. Die Seligpreisung der Armen kann nicht die Basis für die Sozialgesetzgebung sein. Stellen Sie sich vor, unsere Finanzministerin könnte sagen: Selig die

Armen! »Widersteht nicht dem Bösen«, sagt Jesus in der Bergpredigt. Der Verzicht auf Widerstand gegen das Böse, das uns getan wird, kann nicht die Grundlage des Strafgesetzbuches sein. Aber andererseits müssen wir auch sagen, es wäre völlig einseitig zu behaupten, die Sozialgesetzgebung würde genügen, um ein soziales Klima in unserem Land zu haben, um solidarisch und mitmenschlich zu sein. Ebenso wäre es zu kurz gegriffen, alle Lösungen zwischenmenschlicher Konflikte auf das Strafgesetzbuch zu reduzieren. Da braucht es auch anderes. Dieses »Mehr« als Verbote oder Gebote ist genau das Thema der Bergpredigt.

Drei ausgewählte Beispiele sollen das verdeutlichen. Ich möchte zunächst auf die Seligpreisungen selbst blicken, dann ein Wort zur Feindesliebe, die ein Schlüssel der Bergpredigt ist, anfügen und drittens mit einem Gedanken zum Vertrauen in die Vorsehung – »Macht euch keine Sorgen!« – schließen.

Das Kapitel über die Seligpreisungen im Jesus-Buch des Heiligen Vaters[41] ist ein Meisterstück der Schriftauslegung. Die acht Seligpreisungen der Bergpredigt sind Verheißungen in eine bedrängte Situation hinein. Die Seligpreisungen der Bergpredigt sehen sie sozusagen nicht aus der Perspektive der Bedrängnis, sondern aus der Perspektive des Vaters, von Gott her. Alle acht Formulierungen sind Verheißungen in der Form des sogenannten *passivum divinum,* der göttlichen Passivform. Aus Ehrfurcht vor dem Gottesnamen werden die Zusagen passiv formuliert: »Selig die Trauernden, sie werden getröstet werden. Selig die keine Gewalt anwenden, denn sie werden das Land erben« etc. (Mt 5, 4–5). Damit soll in diskreter jüdischer Weise ausgedrückt werden: Gott wird sie trösten,

Gott wird ihnen das Land geben, Gott wird sie zu seinen Söhnen machen. Papst Benedikt sagt dazu: »Wenn der Mensch anfängt, von Gott her zu sehen und zu leben, wenn er in der Weggemeinschaft mit Jesus steht, dann lebt er von neuen Maßstäben her, und dann wird etwas ... vom Kommenden schon jetzt präsent. Von Jesus her kommt Freude in die Drangsal.«[42] Das ist der Kern der Seligpreisungen, christliche Erfahrung von Anfang an: mitten in der Bedrängnis eine unbeschreibliche Freude (vgl. 2 Kor 6, 8–10; 4, 8–10, 1 Kor 4, 9–13), nicht erst im Himmel – dort vollkommen –, sondern jetzt schon. So kann Paulus mitten in seinen Bedrängnissen jetzt schon Zeuge der Freude sein. Die Seligpreisungen drücken aus, was Jüngerschaft bedeutet. Die unverkennbare Marke der Jüngerschaft ist die Freude: »Selig die Armen im Geist, selig die Friedensstifter, selig die Trauernden, selig die hungern und dürsten nach der Gerechtigkeit«. Diese Freude ist ein Grundzug der Jüngerschaft. Papst Benedikt weist darauf hin, dass diese acht Seligpreisungen in der Person Jesu selbst schon verwirklicht, an ihm am deutlichsten abzulesen sind: Sie sind eine »verhüllte innere Biographie Jesu«. Wer ist der wahrhaft Sanftmütige? Wer ist der wahrhaft Arme? Der, der für uns arm geworden ist, um uns mit seinem Leben reich zu machen. Wer ist der, der das reine Herz hat, das Gott schaut? »Wer den Matthäus-Text aufmerksam liest, wird inne, dass die Seligpreisungen wie eine verhüllte innere Biographie Jesu, wie ein Porträt seiner Gestalt dastehen. Er, der keinen Ort hat, wo er sein Haupt hinlegen kann (Mt 8, 20), ist der wahrhaft Arme; er, der von sich sagen kann: Kommt zu mir, denn ich bin sanftmütig und demütig von Herzen (Mt 11, 29), ist der wahrhaft Sanftmütige; er ist es, der reinen Herzens ist und daher Gott immerfort schaut. Er ist der Friedensstifter, er ist der um Gottes willen Leidende: In den Seligpreisungen erscheint das Geheimnis Christi selbst, und sie rufen uns in die Gemeinschaft mit Christus hinein. Aber eben wegen ihres verborgenen christologischen Charakters sind die Seligpreisungen auch Wegweisung für die Kirche, die in ihnen ihr Maßbild erkennen muss – Wegweisungen für die Nachfolge, die jeden Einzelnen berühren, wenn auch – gemäß der Vielfalt der Berufungen – in je verschiedener Weise.«[43]

Das zweite Beispiel ist die Feindesliebe. Man sagt ja, das Thema sei gewissermaßen der Lackmustest des christlichen Lebens und wohl das Schwierigste in der Bergpredigt:

> Ihr habt gehört, dass gesagt worden ist, du sollst deinen Nächsten lieben und deinen Feind hassen. Ich aber sage euch, liebt eure Feinde, betet für die, die euch verfolgen, damit ihr Söhne eures Vaters im Himmel werdet.
>
> *Matthäus 5, 43–45*

Feindesliebe gehört zweifellos zum Schwierigsten in der ganzen Verkündigung Jesu. Eines ist klar: Das Gebot der Feindesliebe kann nicht der Ersatz für das Strafgesetzbuch sein. Wenn jeder, der dem Nächsten etwas antut, nur darauf hingewiesen wird, »du hast die Liebe deines Opfers verdient«, ist das sicher zu wenig. Das kann kein weltliches Gesetz sein. Ist die Feindesliebe ein Gebot, oder ist sie ein Rat? Über diese Frage hat man Jahrhunderte lang diskutiert. Ist die Bergpredigt überhaupt Gebot oder Rat? Empfiehlt uns Jesus oder gebietet er uns? Mir hilft hier eine traditionelle Unterscheidung, die der heilige Thomas von Aquin klar formuliert hat: »Liebt eure Feinde« ist nicht nur ein Rat, sondern ein Herzensgebot Jesu. Aber der heilige Thomas sagt ganz klar: Meint Feindesliebe, sympathische Gefühle für den Feind zu haben? Das kann es ja nicht sein. Feindesliebe in diesem Sinn verstanden wäre pervers und der Liebe zuwider, wenn wir die Feinde insofern lieben müssten, als sie Feinde sind. Das kann es nicht sein. Insofern sie aber Menschen sind, muss ihnen unsere Nächstenliebe gelten. Müssen wir ihnen deshalb auch Zeichen der Zuneigung widmen? Oft wird die Feindesliebe mit einem Gefühl verwechselt, das ich dem Feind entgegenbringe. Das ist nicht gemeint. Es wäre widernatürlich, wenn ich Gefühle der Sympathie für den Feind haben müsste. Aber ich muss die Bereitschaft haben – und das ist Gebot –, den Feind als Menschen zu achten.

Schon im Buch der Sprichwörter im Alten Testament heißt es: »Hat dein Feind Hunger, gib ihm zu essen, hat er Durst, gib ihm zu trinken« (Spr 25,21).[44] Das Wort Jesu, mit dem er seine Weisung über die Feindesliebe beschließt, weist freilich noch darüber hinaus: »Seid vollkommen, wie euer himmlischer Vater vollkommen ist« (Mt 5,48). Es geht also in der Bergpredigt um mehr als das Notwendige, um dieses »Mehr«, das Christus selbst geleistet und erbracht hat, indem er sich für uns hingegeben hat »als wir noch Feinde waren«, wie der Apostel Paulus sagt (Röm 5,10).

Ein drittes und letztes Beispiel betrifft die Vorsehung:

Darum sage ich euch: Sorgt euch nicht um euer Leben, was ihr essen werdet, noch um euren Leib, was ihr anziehen werdet ... Schaut auf die Vögel des Himmels, die Lilien des Feldes ... euer himmlischer Vater ernährt sie ...

Sorgt euch also nicht um den morgigen Tag, denn der
morgige Tag wird für sich selbst sorgen ...

Matthäus 6, 25–26.34

Das ist keine Charta für die Sozialgesetzgebung. Wir werden auch nicht, wie Jakobus (als schlechtes Beispiel)
schreibt, zu den Notleidenden sagen:»Geh dich wärmen
und hol dir was zu essen«, ohne ihm dabei zu helfen
(Jak 2,16). Das ist keine Anleitung für die Budgetgestal-
tung, weder die des Staates noch die persönliche. Es ist
kein Freibrief für Untätigkeit und Fahrlässigkeit, sondern
die Erfahrung der Jüngerschaftsschule auf dem Weg mit
Jesus. Es geht um ein Hineinwachsen in eine Vertrauens-
beziehung zum Vater:»Euer himmlischer Vater weiß, dass
ihr das alles braucht.« Die Bergpredigt ist die Lebensschule Jesu, deren Modell und Meister er selbst ist. Er
hat in diesem Vertrauen gelebt.

Schaffe ich das? Ist das nicht alles eine Überforderung?
Gelingt mir ein Leben nach der Bergpredigt? Ist Jesus ein
erreichbares Vorbild? Wenn wir die Bergpredigt einfach
als verschärftes Gesetz lesen, sind wir von vornherein
mutlos. Aus eigener Willenskraft erreichen wir das nicht.
Aber die Bergpredigt ist kein Moralkodex besonders rigo-
roser Art, sondern sie ist, – wie der heilige Thomas so
schön sagt –, »das neue Gesetz des Evangeliums«, die *lex
nova evangelii.*

Schon die Zehn Gebote trägt jeder Mensch in seinem
Herzen, in seinem Gewissen. Mehr als auf Tafeln sind sie
in unser Herz, in unser Gewissen geschrieben (vgl. KKK
580). Die Bergpredigt, sagt der heilige Thomas, wird
durch den Heiligen Geist in unser Herz geschrieben. Sie
wird zu einem inneren Lebensgesetz, zu einem Gesetz,

das uns von innen her bewegt. Jesus selbst legt sie uns ins Herz, und je mehr wir mit ihm den Weg gehen, desto mehr wird er durch seinen Heiligen Geist in uns seine Lebensform ausprägen, desto mehr wird er selbst das Gesetz des neuen Lebens in uns. Nur so bekommt das christliche Leben Überzeugungskraft. Jesus hat die Bergpredigt nicht nur gelehrt, er hat sie gelebt und er hat sie durch seinen Geist in die Herzen seiner Jüngerinnen und Jünger eingeschrieben.

V. »Ich bin gekommen, um die Sünder zu rufen«

—〰—

Die Lebensschule Jesu ... nur für Gerechte?

Als Jesus den Zöllner Matthäus, auch Levi genannt, in seine Nachfolge berief und mit dessen Freunden und Berufskollegen ein freudiges Festmahl hielt, gab es heftige Proteste vonseiten der Pharisäer: »Wie kann euer Meister zusammen mit Zöllnern und Sündern essen?« – so fragen sie die Jünger Jesu. »Er hörte es und sagte: Nicht die Gesunden brauchen den Arzt, sondern die Kranken. Darum lernt, was es heißt: Barmherzigkeit will ich, nicht Opfer. Denn ich bin gekommen, um die Sünder zu rufen, nicht die Gerechten« (Mt 9, 9–13).

Heißt das: Nur Sünder sind für die Nachfolge Jesu geeignet? Ist für die Lebensschule nur geeignet, wer ein Sünder ist, oder sich als solcher erkennt und bekennt? Haben die Gerechten in der Nachfolge Jesu gar keinen Platz? Jesus hat zur *Umkehr* gerufen. Die Sünder sind auf Irr- und Abwegen. Sie müssen umkehren, wenn sie nicht ins Verderben laufen wollen. Das leuchtet ein. Der Ruf Jesu zur Umkehr ist drängend. »Bitte wenden«, meldet das GPS, wenn wir in die falsche Richtung fahren. Unermüdlich weist Jesus auf die Notwendigkeit der Umkehr hin, noch ist Zeit dazu. Nicht mehr lange, bald schon stehst du vor dem Richter. Versöhne dich schnell noch auf dem Weg mit deinem Gegner (vgl. Mt 5, 25–26;

Lk 12, 58–59). »Jeden Augenblick kann der Ruf erschallen: der Bräutigam kommt; dann zieht der Hochzeitszug mit den Fackeln in den Festsaal, und die Tür wird verschlossen, unwiderruflich. Sorge dafür, dass du Öl für die Fackel hast … (Mt 25, 1–12). Mit einem anderen Wort: Kehre um, solange es noch Zeit ist« (Joachim Jeremias).[45]

Wer muss umkehren? Meint es Jesus ironisch, wenn er von denen spricht, »die der Umkehr nicht bedürfen«? Im Gleichnis von dem verlorenen Schaf sagt er: »Ebenso wird auch im Himmel mehr Freude herrschen über einen einzigen Sünder, der umkehrt, als über neunundneunzig Gerechte, die es nicht nötig haben, umzukehren« (Lk 15, 7). Meint hier Jesus die eingebildeten Gerechten? Oder meint er das ohne Ironie?

Ich finde unterschiedliche Deutungen von zwei Exegeten, die ich sehr schätze. Joachim Jeremias († 1979), protestantischer Exeget und überragender Kenner der jüdischen Umwelt Jesu, meint dazu: »Umkehr ist nötig nicht nur für die sogenannten Sünder, sondern ebenso, ja noch mehr für die, die nach dem Urteil der Umwelt ›der Buße nicht bedürfen‹ (Lk 15, 7), für die Anständigen und Frommen, die keine groben Sünden begangen hatten; für sie ist die Umkehr am dringlichsten.«[46] Adolf Schlatter dagegen ist überzeugt, dass Jesus nicht ironisch von Gerechten spricht, wenn er sie gegenüber den Sündern nennt: »Wir kommen nicht zum Verständnis dessen, was Jesus tat, wenn wir den Begriff ›gerecht‹ entleeren, sodass er nicht mehr den vollen Ernst der sittlichen Zustimmung besitzt. Wird er in eine Ironie verwandelt, so verliert auch die Verurteilung der Sünder, die Jesus den Gerechten gegenüberstellt, ihren Ernst. Die Kranken, von denen er redete, waren nach seiner Meinung ernsthaft krank; ebenso ge-

Die Berufung der Sünder

wiss waren die Gesunden gesund. Jesus gestand den Gerechten zu, dass sie wirklich Gott gehorchten und das taten, was er befahl ... Wer dieses Urteil verflüchtigt, verfällt beim anderen Glied des Gegensatzes einer Idealisierung der Sünde, die Jesu Meinung verfälscht.«[47]

Jesus hat sich über echte Gerechte gefreut, ob das Natanael war, den Jesus »einen Mann ohne Falschheit« nennt (Joh 1,48), oder jener heidnische römische Hauptmann, von dem Jesus bewundernd sagt: »Einen solchen Glauben habe ich in Israel noch bei niemand gefunden« (Mt 8,10). Jesus hat Sünden nicht nur beim Namen genannt, sondern sogar über sie geweint (vgl. Lk 19,41). Eben weil die Sünde die tiefste Not des Menschen ist, wollte Jesus die Sünder zur Umkehr führen und zur wahren Gerechtigkeit bekehren: »Wenn eure Gerechtigkeit nicht weit größer ist als die der Schriftgelehrten und der Pharisäer, werdet ihr nicht in das Himmelreich kommen« (Mt 5,20).

Zu dieser weit größeren Gerechtigkeit sollen sich die Sünder bekehren. Und nur so können wir Jünger Jesu sein. Die Umkehr des Sünders ist die große Sehnsucht Jesu. In ihr wird offenbar, wohin Jesus uns führen will: »Ihr sollt vollkommen sein, wie es auch euer himmlischer Vater ist« (Mt 5,48). Das große Motiv für die Umkehr ist Gottes Freude über jedes Menschenkind, das aus der Verirrung und den Todesschatten der Sünde (vgl. Lk 1,79) heimfindet zum Vater. »Umkehr ist Freude darüber, dass Gott so gnädig ist. Ja mehr! Umkehr ist Freude Gottes (vgl. Lk 15,7.10). Gott freut sich wie der Hirt, der ein verlorenes Tier, wie die Frau, die ihren Groschen, wie der Vater, der seinen Sohn wieder erhielt, wie der Bräutigam über die Braut (Jes 62,5) ... Weil Buße heißt: aus der Vergebung leben dürfen, wieder Kind sein dürfen, darum ist Buße Freude.«[48]

Die Freude Gottes über unsere Heimkehr ist das Motiv des Rufes Jesu zur Umkehr. Gottes Trauer und Zorn, wenn wir diese biblischen Bilder gebrauchen dürfen, sind Ausdruck des Dramas der Sünde. Weil keiner verloren gehen soll, geht Gott dem Sünder nach, der auf dem Weg zum Tod ist. Weil Gott will, dass seine Kinder leben, deshalb ist er bis zum Äußersten gegangen: Er hat seinen Sohn in den Tod gegeben, um uns »der Macht der Finsternis zu entreißen« (Kol 1,13). Das macht aber auch deutlich, »welches Gewicht die Sünde hat« (Anselm von Canterbury).[49] Was heißt das für die Jüngerschaft, für die Lebensschule Jesu?

»Er wird sein Volk von seinen Sünden erlösen«

Schon der Name »Jesus« hat mit Sünde zu tun: »Du sollst ihm den Namen Jeshua – Jesus – geben; denn er wird sein Volk von seinen Sünden erlösen« (Mt 1,21), so die Botschaft des Engels an Josef. Zacharias, vom Geist erfüllt, sagt über seinen Sohn Johannes, den künftigen Täufer: »Du wirst sein Volk mit der Erfahrung des Heils beschenken in der Vergebung der Sünden« (Lk 1,77).

In der Nachfolge Christi, in der Lebensschule Jesu, geht es nicht nur um eine Nachahmung, eine *imitatio Christi* als des großen Vorbildes. Zuerst geht es um eine Heilserfahrung, ein Heilwerden. Es geht um die Befreiung von der Sünde, die Erlösung, die Auslösung aus den Fesseln der Sünde, sozusagen den Loskauf aus der Gefangenschaft des Bösen.

Nichts hat an Jesu Wirken und Lehren mehr überzeugt als die reale, sichtbare, greifbare Veränderung zum Guten, die an Menschen feststellbar war, die Jesus begegnet waren. So ist es bis heute. Neugierig auf Jesus machen selten Worte, auch wenn sie – als Wort Gottes, das verkündigt wird – nicht ohne Wirkung bleiben. Überzeugend ist vor allem das Leben. Wenn sichtbar wird, dass Jesus das Leben wirklich wandelt, lebendig und leuchtend macht, spricht das für sich. Dann wird die Lebensschule Jesu zur »Erfahrung des Heils«.

Sündenvergebung – Herz der Sendung Jesu

Als Johannes der Täufer Jesus vorbeigehen sah, sagte er zu seinen Schülern: »Seht, das Lamm Gottes, das die Sünde der Welt hinwegnimmt« (Joh 1,29). Was bedeutet »Sünde der Welt«, im Singular, in dieser umfassenden Dimension: die Sünde *der Welt?* Was heißt überhaupt *Sünde?* Worin besteht sie? Wie zeigt sie sich? Wie wird sie wahrgenommen, bloßgelegt? Und dann: Wie wird sie *hinweggenommen?* Was bewirkt diese Hinwegnahme? Wie zeigt sich das: »Er wird sein Volk von seinen Sünden erlösen«, welche Folgen hat das für den Einzelnen und für sein Volk?

In den ersten Tagen seines öffentlichen Wirkens in Kafarnaum und Umgebung hat Jesus viele Dämonenaustreibungen und Heilungen vollbracht. Eine blieb den Jüngern besonders in Erinnerung, wohl weil sie besonders spektakulär war (vgl. Mk 2, 1–12): Vier Männer tragen einen Gelähmten herbei. Da ist kein Zugang zu Jesus, dicht gedrängt stehen die Menschen. Da steigen sie kurzerhand auf das Flachdach des Hauses, decken es ab, schlagen ein Loch in die Decke und lassen – wohl an Stricken – die Bahre direkt Jesus vor die Füße. »Als Jesus ihren Glauben sah, sagte er zu dem Gelähmten: Mein Sohn, deine Sünden sind dir vergeben« (Mk 2, 5). Jesus erkennt die Gedanken einiger der Anwesenden, die sich innerlich sagen: Unerhört, was dieser Jesus da sagt. Nur Gott allein kann Sünden vergeben! Das ist für Jesus klar und für uns ein wichtiges Element zum Verständnis davon, was Sünde bedeutet. Jesus bestreitet nicht, dass Gott allein Sünden vergeben kann. Aber er beansprucht, dass er diese Vollmacht hat, er, »der Menschensohn«, wie er sich selbst bezeichnet. Um das zu bekräftigen, heilt er durch sein bloßes Wort den Gelähmten.

Hier begegnet uns Jesu Anspruch, Sünden vergeben zu können. Dazu ist er gekommen. Das ist der in seinem Namen bereits enthaltene Auftrag. Die Heilung des Gelähmten sagt aber nicht nur etwas über Jesu göttliche Vollmacht aus, sondern auch etwas über die menschliche Not. Dem Gelähmten spricht Jesus zuerst die Vergebung seiner Sünden zu. Jesus sagt nicht, dass er wegen seiner Sünden gelähmt ist. Die Lähmung ist keine Strafe Gottes. Vielmehr zeigt Jesus die richtige Reihenfolge an: Das Erste, wovon wir geheilt werden müssen, wichtiger als alle leibliche Heilung, sind die Wunden der Sünde. Der Mensch kann körperlich kerngesund sein, aber »an seiner Seele Schaden leiden« (Mt 16, 26) wegen seiner Sünden.

Die Begegnung mit Jesus, mit »dem Heiligen Gottes« (so nennen ihn die aufgeschreckten Dämonen, Mk 1, 24)

Die Berufung der Sünder

wird zur erschütternden Erfahrung der eigenen Sündhaftigkeit. So ging es den ersten Aposteln, als sie der Heiligkeit Jesu greifbar begegneten. Nach einer erfolglosen Fischernacht werfen sie auf Jesu Wort hin nochmals die Netze aus und fangen so viele Fische, dass die Boote zu sinken drohen. »Als Simon Petrus das sah, fiel er Jesus zu Füßen und sagte: Herr, geh weg von mir, ich bin ein Sünder« (Lk 5, 8). Heiliger Schrecken hat ihn und seine Begleiter ergriffen im Angesicht Jesu.

Wo wir der Heiligkeit begegnen, ist ein tiefes inneres Erschrecken die Folge. So ging es mir in der Begegnung mit Padre Pio im Jahr 1961. So habe ich es erlebt in der Nähe von Menschen, die von der Heiligkeit Gottes durchdrungen sind. Dieselbe Erfahrung machte Jesaja im Tempel, als er die Herrlichkeit Gottes schaute: »Wehe mir, ich bin verloren. Denn ich bin ein Mann mit unreinen Lippen und meine Augen haben den König, den Herrn der Heerscharen, geschaut« (Jes 6, 5).

Die Erfahrung der eigenen Sündhaftigkeit im Angesicht der Heiligkeit ist schwer zu beschreiben, aber unvergesslich, wenn sie einem geschenkt wurde. Es ist nicht so sehr ein Angstgefühl, verurteilt zu werden, auch keine Beschämung über die eigene Unangemessenheit. Es ist etwas Erschreckendes und Beglückendes zugleich: das Erschrecken über die Größe und das Beglücktsein über die unvergleichliche Nähe Gottes. Es ist zugleich die Ahnung unfassbaren Angenommenseins und das erschütternde Wahrnehmen der eigenen – es passt wohl nur eben dieses Wort – der eigenen Sünde.

Wieder ist es Lukas, der besonders sensible Evangelist, der diesen Augenblick festhält, in dem Petrus der Heiligkeit seines Meisters begegnet. Beim dritten Verrat des

Petrus heißt es: »Im gleichen Augenblick noch während er redete, krähte ein Hahn. Da wandte sich der Herr um und blickte Petrus an. Und Petrus erinnerte sich an das, was der Herr zu ihm gesagt hatte: Ehe heute der Hahn kräht, wirst du mich dreimal verleugnen. Und er ging hinaus und weinte bitterlich« (Lk 22, 60–62).

Was Sünde wirklich bedeutet, ist wohl nur an solchen Erfahrungen messbar. Im Hymnus des heiligen Ambrosius, der im kirchlichen Stundengebet am Sonntag gesungen wird, heißt es:

Jesu, labantes respice
et nos videndo corrige;
si respicis, labes cadunt
fletuque culpa solvitur.

Herr, wenn wir fallen, sieh uns an
und heile uns durch deinen Blick.
Dein Blick löscht Fehl und Sünde aus,
in Tränen löst sich unsere Schuld.

Von der Namensgebung Jesu nach seiner Geburt (»… denn er wird sein Volk von seinen Sünden erlösen«) bis zur Vorwegnahme seines Kreuzestodes noch vor seinem Leiden, steht sein ganzes Leben unter dem Zeichen der Vergebung der Sünden: »Dann nahm er den Becher, sprach das Dankgebet und gab ihn den Jüngern mit den Worten: Trinkt alle daraus. Denn das ist mein Blut, das Blut des Bundes, das für viele vergossen wird zur Vergebung der Sünden« (Mt 26, 27–28).

Was ist Sünde?

Befragen wir zur Sünde den Erfahrungsschatz der Kirche: Dazu gehören die theologische Reflexion, Versuche in der Katechese und in der Theologie, das Phänomen »Sünde« genauer zu fassen und angemessene Begriffe dafür zu finden. Was sagt der Katechismus der katholischen Kirche zum Thema? Er ist eine »sichere Norm für die Lehre des Glaubens« und somit ein »gültiges und legitimes Werkzeug im Dienst der kirchlichen Gemeinschaft« (Papst Johannes Paul II.).[50] Eine Definition des heiligen Augustinus lautet: Sünde ist »ein Wort, eine Tat oder ein Begehren im Widerspruch zum ewigen Gesetz«.[51] Der Katechismus erläutert diese Definition:

> Die Sünde ist ein Verstoß gegen die Vernunft, die Wahrheit und das rechte Gewissen; sie ist eine Verfehlung gegen die wahre Liebe zu Gott und zum Nächsten aufgrund einer abartigen Anhänglichkeit an gewisse Güter. Sie verletzt die Natur des Menschen und die menschliche Solidarität.
>
> *Katechismus der katholischen Kirche*[52]

Es überrascht, dass der Katechismus die Sünde zuerst als *Verstoß gegen die Vernunft* bezeichnet. Darin ist er das Echo einer auch dem außerbiblischen, nichtchristlichen Denken vertrauten Sicht: »Wer ›Sünde‹ denkt, der hat zugleich und, genaugenommen, schon zuvor gedacht, dass etwas ›nicht in Ordnung‹ sei mit dem Menschen, dass etwas mit ihm nicht stimme« (Josef Pieper).[53] Sünde, griechisch *hamartia*, lateinisch *peccatum* meint zuerst einmal eine Fehlleistung. Etwas ist danebengegangen. »Jegliches tun, das nicht in Ordnung ist, kann *pecca-tum* genannt werden«, sagt Thomas von Aquin.[54] Wir reden etwa von Verkehrssünden, Umweltsünden. Kunst-fehler, Fehlleistungen jeder Art werden *peccatum* ge-nannt. Es ist unvernünftig, gegen die Gebrauchsanwei-sung zu handeln. Noch ehe die sittliche Frage gestellt wird, ob willentlich gefehlt wurde oder nicht, gilt grund-sätzlich, dass Fehlleistungen unvernünftig sind, weil sie ein Ziel verfehlen. Die Finanzkrise zeigt das deutlich. Hier haben sich die Dinge in einer – im Rückblick klar erkenn-baren Weise – verselbstständigt und bis zum Irrwitz fehl-entwickelt. Der Finanzmarkt hat sich immer mehr von der realen Wirtschaft entfernt und wurde immer virtuel-ler, bis die Blase geplatzt ist. Eine politische Gemeinde hat zum Beispiel auf Anraten des örtlichen Bankdirektors die Gemeindeschulden nach Kanada verkauft, um damit ein Geschäft zu machen. Nach 2008 blieben der Gemeinde ihre eigenen Schulden und die erheblichen Verluste in Kanada. Das ist kein Einzelfall, das war (und ist zum Teil noch) System: *peccatum* – Fehlleistung, pure Unvernunft. Aber ist das eine Sünde, was der Bürgermeister und der Bankdirektor gemacht haben? Wussten sie, was sie taten? Ist Sünde auch etwas, das ich gar nicht als solches er-kenne? Gehört zur Sünde nicht das Wissen um die Sünd-haftigkeit einer Fehlleistung?

Deshalb sagt der Katechismus weiter, Sünde sei ein *Verstoß gegen die Wahrheit.* Vieles von dem, was »nicht in Ordnung« ist, hat damit zu tun, dass wir uns über die Ordnung nicht im Klaren sind. Wir irren, täuschen uns, werden getäuscht, lassen uns täuschen, verdrängen die Wahrheit, wollen sie nicht wahrhaben. Man kann noch so groß und schwarz auf die Zigarettenpackung schrei-

Die Berufung der Sünder

ben: »Rauchen kann tödlich sein«, es wird doch heftig geraucht. Wir alle wissen, dass Verdrehungen, Entstellungen der Wahrheit großen Schaden anrichten, das Leben anderer Menschen beeinträchtigen, ja bleibend beschädigen können. Dennoch vergeht kein Tag, ohne dass wir die Dinge verdrehen, es mit der Wahrheit nicht ganz genau nehmen, und sei es nur im Kleinen. Sünde hat viel mit Unwahrheit zu tun, sie ist immer auch Lüge. Vernunft und Wahrheit wurden verletzt, verleugnet, deshalb ist so vieles nicht »in Ordnung«.

Die Sünde ist, so sagt der Katechismus, zudem ein *Verstoß gegen das rechte Gewissen.* Josef Pieper schreibt, Sünde ist ein Fehlverhalten »wider besseres Wissen«, »also gegen das Gewissen«[55]. Ein unabsichtlicher Fehler, der schlimme Folgen hat, kann uns lange plagen. Wir machen uns Vorwürfe, hadern damit, dass wir nicht aufmerksam genug waren. Aber erst wenn es sich um eine sittliche Verfehlung handelt, kommt eine andere Dimension ins Spiel: der Urteilsspruch unseres Gewissens. In seinem Kommentar zur Josefsgeschichte im Buch Genesis spricht der heilige Johannes Chrysostomos darüber im Blick auf die Brüder, die ihn als Sklaven nach Ägypten verkauft haben und vor dem sie nun Hilfe suchend stehen, ohne ihn erkannt zu haben. Sie erinnern sich nun, in ihrer eigenen Angst und Not, was sie ihrem Bruder damals angetan hatten:

Gib acht, wie ihr Gewissen, der unbestechliche Richter, sich erhebt und wie sie, ohne dass ein Ankläger auftritt und gegen sie aussagt, selbst ihre eigenen Ankläger werden. So ist es mit der Sünde: Wenn sie vollendet und zur Tatsache geworden ist, dann zeigt sie, wie unsinnig sie ist. Bevor sie vollendet ist, verdunkelt sie den Verstand und lähmt wie dichter Nebel das Denken. Ist sie aber vollendet, steht das Gewissen auf und quält den Geist mehr als jeder Ankläger und zeigt dem Sünder die Verkehrtheit seines Tuns.

Johannes Chrysostomos[56]

Sünde ist ein Verstoß gegen Vernunft, Wahrheit und Gewissen. Augustinus sagte, ein Tun »im Widerspruch zum ewigen Gesetz«, also zu dem, was der Schöpfer als Ordnung in seine Schöpfung gelegt hat, was wir mit dem Licht der Vernunft erkennen und mit unserem freien Willen tun können.

Aber ist das wirklich alles? Ist damit das Drama der Sünde ausreichend benannt? Der Katechismus geht noch einen Schritt weiter: »Die Sünde ist eine Beleidigung Gottes« (KKK 1850). Sünde ist auch ein Verstoß gegen die menschliche Sittlichkeit, aber zuerst ist sie *aversio a Deo*, Abkehr von Gott. Der Kern dessen, was Sünde ist und bedeutet, liegt hier: »Gegen dich allein habe ich gesündigt, ich habe getan, was dir missfällt« (Ps 51,6). Sünde ist zuerst und zuinnerst die Abkehr von Gott. Das macht ihr Gewicht aus, ihre Schwere. Das macht den Preis der Befreiung von der Sünde so hoch: »Die Sünde lehnt sich gegen die Liebe Gottes zu uns auf und wendet unsere Herzen von ihm ab« (KKK 1850).

Lehne ich mich wirklich gegen Gott auf, wenn ich sündige? Will ich das bewusst, im vollen Verständnis dessen, was ich tue? Ist unser Sündigen nicht oft ein Unwissen, eine Art Blindheit? Wir nehmen gar nicht die Tiefe wahr, die unsere Verfehlungen haben. Jesus hat doch für seine Richter und ihre Handlanger gebetet: »Vater, vergib ihnen, denn sie wissen nicht, was sie tun« (Lk 23,34).

Die Berufung der Sünder

Wissen wir, was wir tun, wenn wir sündigen? Wollen wir wirklich »Gott wehtun«, ihn »beleidigen«? Kann ein Mensch überhaupt Gott wehtun? Ihn beleidigen?

Der heilige Augustinus hat hier wohl aus seiner eigenen dramatischen Lebenserfahrung und aus seiner großen Vertrautheit mit der Heiligen Schrift versucht, den innersten Kern dessen herauszuarbeiten, was Sünde ausmacht. In seinem Werk »Gottesstaat« sieht er zweierlei Liebe im Streit miteinander: die Eigenliebe und die Gottesliebe; die Eigenliebe, die sich »bis zur Verachtung Gottes« steigert und die Gottesliebe, die »bis zur Selbstverachtung« geht.[57] Josef Pieper formuliert als Frage: »Sich selbst ... wählen oder Gott«. Und er präzisiert: »... die wirkliche Alternative sieht ... so aus: entweder Selbstverwirklichung als Hingabe an Gott, das heißt in Anerkennung der eigenen Kreatürlichkeit; oder ›absolute‹ Selbstliebe und der Versuch einer Selbstverwirklichung aufgrund der Leugnung oder Ignorierung der Tatsache, Kreatur zu sein«.[58] Das innerste Wesen der Sünde ist »ich, ich, ich!« – absolute Eigenliebe, »wie Gott« sein zu wollen (Gen 3,5). Es ist *superbia*, Hochmut, sagt die Tradition.

Hier erhebt sich nochmals der Einspruch: Gibt es diese radikale Sünde überhaupt »in Reinform«? Besteht nicht immer bei unserer menschlichen Sünde ein unlösbares Gewirr aus Schwächen, Unwissenheit, Unaufmerksamkeit, Nachlässigkeit, Vergesslichkeit? Das erst macht das Sündengestrüpp aus. Wann sind wir je so radikal böse, dass wir uns in einem Akt, der uns ganz erfasst, gänzlich Gott verweigern würden?

Es geht um die Frage: Gibt es so etwas wie die »tödliche Sünde« (so müssten wir den klassischen Begriff des *peccatum mortale* wörtlich übersetzen)? Für viele ist der

Ernst der tödlichen Sünde wohl auch dadurch verloren gegangen, dass man vieles so vorschnell als Todsünde bezeichnet hat.

Was die Tradition mit ihrer ganzen Erfahrung als die »tödliche Sünde« versteht, erkennt man an dem anderen Teil der Unterscheidung, der sogenannten »lässlichen Sünde«.

> Eine lässliche Sünde begeht, wer in einer nicht schwerwiegenden Materie eine Vorschrift des Sittengesetzes verletzt oder das Sittengesetz zwar in einer schwerwiegenden Materie, aber ohne volle Kenntnis oder volle Zustimmung übertritt.
>
> *Katechismus der katholischen Kirche*[59]

Zweifellos trifft diese Beschreibung auf die meisten unserer Sünden zu. Sie sind mehr Schwächen als wirklich bewusst getane böse Taten. Aber genau darin zeigt sich noch einmal das Drama der Sünde. Augustinus sei nochmals zitiert: »Solange der Mensch im Fleisch wandelt, kann er wenigstens nicht ohne leichte Sünden sein. Halte aber diese Sünden, die wir als leicht bezeichnen, nicht für harmlos. Falls du sie für harmlos ansiehst, wenn du sie wägst, zittere, wenn du sie zählst. Viele kleine Dinge bilden eine große Masse; viele Tropfen füllen einen Fluss; viele Körner bilden einen Haufen. Welche Hoffnung haben wir also? Zuerst das Bekenntnis.«[60]

Was mich erschüttert am Phänomen der sogenannten »lässlichen Sünde«, hat der Seher von Patmos in seinem Brief an die Gemeinde von Ephesus so beschrieben: »Ich werfe dir aber vor, dass du deine erste Liebe verlassen hast« (Offb 2,4). Und der Herr hat kurz vor seinem Lei-

Die Berufung der Sünder

den gesagt: »Und weil die Gesetzlosigkeit überhand-
nimmt, wird die Liebe bei vielen erkalten. Wer aber bis
zum Ende durchhält, der wird gerettet« (Mt 24, 12–13).

Dieses »Erkalten der Liebe« ist das eigentliche Drama
der Sünde, die Verhärtung der Herzen. Sie ist bereits der
Tod der Seele. Sie ist am gefährlichsten, wenn sie im Innersten des Herzens zu einem Ersterben der Liebe wird.
Diese Verhärtung kann durch viele kleine Schritte geschehen, unaufmerksam, lieblos und noch, noch, noch. Dann
wird das Herz hart. Das ist die Dramatik der »tödlichen
Sünde«.

Was kann uns davor bewahren? Es braucht den einen,
der »die Sünde der Welt hinwegnimmt« (Joh 1, 29), und
es braucht seinen Geist, »der die Welt der Sünde überführt« (Joh 16, 8). In seiner tiefen Meditation zeigt Papst
Johannes Paul II., ausgehend vom Wort Jesu, der Heilige
Geist werde die Welt der Sünde überführen, dass der
Geist uns die Wahrheit unserer Sünde zeigen kann, nicht
um uns anzuklagen, sondern um zu retten; nicht als Bloß-
stellen der Sünden, sondern als Heilung des Sünders.[61]
Der Heilige Geist offenbart uns unsere Sünde und zugleich deren Vergebung. Denn was Sünde wirklich ist,
das erfahren wir erst im Angesicht der Liebe Christi. Vielleicht ist das der Grund, warum die Heiligen das tiefste
Bewusstsein hatten, Sünder zu sein. Erst in der Lebensschule Jesu wird Sünde in ihren vollen Dimensionen er-
fassbar. Erst in der Gnade der Vergebung wird die wahre
Abgründigkeit dessen ahnbar, was die Trennung von Gott
als Folge der Sünde bedeuten würde. So können wir nur
Jesus in seiner Barmherzigkeit bitten, was der Priester lei-
se vor der Kommunion betet: »Lass nicht zu, dass ich
jemals von dir getrennt werde!«

VI. »Wer nicht sein Kreuz auf sich nimmt ...«

—∿∿—

Das Kreuz – Schlüssel der Lebensschule Jesu

»Wer mir nachfolgen will, der verleugne sich selbst, nehme sein Kreuz auf sich und folge mir nach« (Mt 16,24). Jüngerschaft heißt Kreuzesnachfolge. Daran lässt Jesus keinen Zweifel, aber es stellt sich die Frage: Ist das auch der Grund, warum ihm so wenige nachfolgen? Wenn Jüngerschaft Kreuzesnachfolge heißt, ist man versucht zu sagen: Herr, wundere dich nicht, dass so wenige dir nachfolgen! So sah es zumindest Thomas von Kempen in seiner *Imitatio Christi*, der »Nachfolge Christi«. Er schreibt: »Jesus hat jetzt viele Jünger, die im himmlischen Reiche gerne mit ihm herrschen möchten. Aber wenige, die sein Kreuz auf Erden tragen wollen. Viele hat er, die Trost, wenige, die Trübsal verlangen. Viele findet er, die mit ihm essen und trinken möchten, aber wenige, die mit ihm fasten wollen. Alle möchten mit ihm Freude haben, aber wenige wollen für ihn leiden ... Viele ehren seine Wundertaten, aber wenige teilen mit ihm die Schmach des Kreuzes. Viele folgen Jesus nach bis zum Brotbrechen im Abendmahl, aber wenige bis zum Trinken aus dem Leidenskelche. Viele lieben Jesus, solange sie nichts zu leiden haben. Viele loben und preisen ihn, solange sie Tröstungen von ihm empfangen. Aber, wenn Jesus sich verbirgt und sie auch nur eine kurze Weile allein lässt, da klagen sie gleich oder verlieren gar den Mut.«[62]

Das sind nüchterne, skeptische Worte. Ja, das Wort vom Kreuz erschreckt. Aber trösten wir uns, das ging schon den Aposteln so. Die Leidensvoraussagen Jesu sind auf Unverständnis und Schrecken gestoßen. Offensichtlich ging Jesus zielgerade und entschieden auf sein Leiden und Kreuz zu. Lukas sagt einmal, Jesus habe (wörtlich) »sein Antlitz fest, entschieden nach Jerusalem gewandt, um dorthin zu gehen« (Lk 9, 51). Er ist entschieden auf sein Leiden zugegangen. Markus erinnert uns daran, dass die, die ihm nachfolgten, also seine Jünger, sich fürchteten (Mk 9, 32). So geht es vielen von uns, das Kreuz macht Angst. Nachfolge kann unheimlich sein. Daran hat Jesus keinen Zweifel gelassen. Ein gemütlicher Spaziergang ist es nicht, wenn er seinen Jüngern sagt: »Seht, ich sende euch wie Schafe unter die Wölfe« (Mt 10, 16; Lk 10, 3). Beim Abendmahl, im Ernst und in der Heiligkeit dieser Stunde, sagt er:

> Denkt an das Wort, das ich euch gesagt habe: Ein Knecht ist nicht größer als sein Herr. Wenn sie mich verfolgt haben, werden sie auch euch verfolgen; wenn sie mein Wort gehalten haben, so werden sie auch das eure halten.
>
> *Johannes 15, 20*

Das Kreuz lieben

Jüngerschaft Jesu bedeutet, Anteil an seinem Geschick, am Kreuz, aber auch an der Auferstehung zu haben. Der Platz des Kreuzes ist dabei zentral. Aber ist das Kreuz wirklich der Mittelpunkt unseres Glaubens? Das Kreuz ist und bleibt ein Horror. Die Menschen zur Zeit Jesu wussten das, sie haben von der *mors turpissima crucis*, dem »schändlichsten Tod am Kreuz« (Tacitus)[63] gesprochen, oder sie haben diese Todesstrafe, die ja schon in der vorrömischen Zeit praktiziert wurde, *crudelissimum terrimumque supplicium*, die »grausamste und schrecklichste Hinrichtung«, genannt (Cicero)[64]. Jesus ist diesen Tod gestorben. Er war einer unter Zahllosen, die zu Tode gequält wurden, bei diesem grausamen, unmenschlichen *supplicium*, dieser Hinrichtung. Und das sollen wir lieben? Das Kreuz lieben? Das Kreuz umarmen? Es gab schon von früh an Spott über das Kreuz. Immer wieder wird gerne ein Spottwort von Goethe zitiert:

> Vieles kann ich ertragen. Die meisten beschwerlichen Dinge
> Duld ich mit ruhigem Mut, wie es ein Gott mir gebeut.
> Wenige sind mir jedoch wie Gift und Schlange zuwider,
> Viere: Rauch des Tabaks, Wanzen und Knoblauch und †
> *Johann Wolfgang von Goethe*[65]

Es ist so widerlich wie Knoblauch und Tabak. Immer wieder wird über das Kreuz in Karikaturen gespottet, aber das ist nicht neu. Bereits aus frühchristlicher Zeit stammt das Spottkreuz aus Rom, wo man einen Gekreuzigten mit Eselskopf dargestellt hat und darunter steht gekritzelt: »Der Soundso betet seinen Gott an.« Paulus wusste, dass das Kreuz ein Ärgernis ist: »Die Juden fordern Zeichen, die Griechen suchen Weisheit, wir predigen Christus den Gekreuzigten. Für die Juden ein Ärgernis, für die Heiden eine Torheit« (1 Kor 1, 22–23).

»Wer mir nachfolgen will, der verleugne sich selbst,

nehme sein Kreuz auf sich und folge mir nach« (Mt 16, 24). Wollen wir das? Kann ich das Kreuz auf mich nehmen wollen? Ist das nicht krank, lebensfeindlich, widernatürlich? Der heilige Johannes Chrysostomos hat dieses Jesuswort in seinem Matthäuskommentar so ausgedeutet:

> Wenn mir jemand nachfolgen will ... Ich zwinge nicht, ich tue niemand Gewalt an, sondern mache jeden zum Herrn seines Willens. Darum sage ich auch: wenn jemand will, denn ich lade zu Gütern ein, nicht zu Übeln und Beschwerden, nicht zu Strafe und Züchtigung, dass ich Zwang anwenden müsste. Vielmehr ist die Natur der Sache selbst geeignet, anzulocken. Indem er (Jesus) also redet, regt er noch mächtiger an, denn wer zwingen will, stößt häufig zurück ... Milde ist mächtiger als Gewalt. Darum spricht Jesus: ›Wenn jemand will‹, denn groß, will er sagen, sind die Güter, die ich euch gebe. Es sind solche Güter, dass ihr freiwillig denselben nachstreben müsst ... Darum zwingt uns Christus nicht.
>
> _Johannes Chrysostomos_[66]

Es handelt sich also um Güter. Das Kreuz wollen? Das Kreuz als etwas Gutes betrachten? Niemand ist gezwungen Jesus nachzufolgen, also auch nicht sein Kreuz anzunehmen. Aber was motiviert mich? »Was bringt es mir«? – Diese Frage wird heute oft gestellt, vor allem von jungen Menschen. Was habe ich davon? Warum soll ich mir das antun: die Kreuzesnachfolge? Ich habe bei der Stadtmission 2003 Schwester Elvira eine Frage gestellt. Diese großartige italienische Ordensfrau hat die Gemeinschaft »Cenacolo«[67] gegründet, die inzwischen in der ganzen

Welt Niederlassungen hat, um drogensüchtige Burschen und Mädchen aufzunehmen und ihnen einen neuen Weg ins Leben zu ermöglichen. Viele, viele tiefe Heilungen sind durch die Hilfe Gottes in dieser Gemeinschaft möglich geworden. Hinreißend hat Schwester Elvira voller Freude über Christus gesprochen und über die Heilung, die er schenkt. Ich habe sie gefragt: Wie kann ich das Kreuz lieben? Und sie hat sofort und klar geantwortet: »Nicht das Kreuz, sondern den Gekreuzigten!«

Es geht nicht darum, das Kreuz zu lieben, sondern den Gekreuzigten. Ihm sollen wir nachfolgen. Mit dem Gekreuzigten und Auferstandenen sollen wir verbunden sein, mit seinem Leiden, mit seiner Liebe. Weil er sein Kreuz auf sich genommen hat, will ich mit ihm sein und mein Kreuz annehmen. Dieses kleine Wort war das Schlüsselwort: Er hat mich geliebt bis zum Äußersten! Deshalb bekommt das Kreuz einen ganz neuen, starken Sinn. Er, der Gekreuzigte, gibt dem Kreuz einen neuen Sinn. Wenn mein Kreuz, das ich zu tragen habe, von ihm her Bedeutung bekommt, dann kann ich wie der heilige Johannes Chrysostomos sagen, dass das Kreuz zu einem Gut wird, zu einem Gewinn, weil es mich mit ihm verbindet. Aber das sieht »der natürliche Mensch«, Paulus würde sagen: »der fleischliche Mensch«, nicht. Für ihn ist das Kreuz einfach nur Widersinn, Leid, Zerstörung, ein Unwert. Aber es gibt die Erfahrung, dass sich der Blick wendet, das Kreuz Christi und unser Kreuz mit ihm in einem anderen Licht erscheinen. Das ist abstrakt gar nicht fassbar. Man muss erleben, dass das Kreuz ein Gut sein kann, eine Gnade.

Ein Beispiel aus dem Leben der heiligen Theresia Benedicta vom Kreuz OCD, der heiligen Edith Stein

(† 1942), soll das verdeutlichen. Sie stammte aus einer gläubigen jüdischen Familie aus Breslau, aber als Mädchen hat sie sich für den Unglauben entschieden und mit dem Beten aufgehört. Sie sagt: »Ich habe mir das Beten ganz bewusst und aus freiem Entschluss abgewöhnt ...« Nach einer brillanten Reifeprüfung beginnt sie ihr Philosophiestudium bei Edmund Husserl, dem großen jüdisch-deutschen Philosophen. Einer ihrer Studienkollegen, Adolf Reinach, sehr glücklich jung verheiratet, fällt 1917 im Ersten Weltkrieg. Professor Husserl schickt Edith Stein zur Witwe Reinachs mit dem Auftrag, sie möge doch mit ihr zusammen seinen philosophischen Nachlass sichten und ihr helfen. Edith fürchtet sich sehr vor diesem Auftrag. Sie unternimmt diese Reise mit großer Sorge und Angst. Reinach hatte ihr viel bedeutet, persönlich als Kollege, aber auch als Mensch mit seiner Güte und Lauterkeit. Sie war selbst schmerzlich von dem Tod ihres Kollegen betroffen und stellte sich vor, wie sie der Witwe in ihrer großen Trauer Trost bringen könne. Doch es kommt ganz anders. Statt wie erwartet einer gebrochenen, trostlosen Frau zu begegnen, begegnet sie einer Frau, die mehr zum Trost für ihre Freunde wurde, als dass sie selbst Trost erwartet hätte.

Edith Stein schreibt im Rückblick auf diese überraschende Begegnung: »Es war dies meine erste Begegnung mit dem Kreuz und mit der göttlichen Kraft, die es seinen Trägern mitteilt. Ich sah zum ersten Mal die aus dem Erlöserleiden Christi geborene Kirche in ihrem Sieg über den Stachel des Todes handgreiflich vor mir. Es war der Augenblick, in dem mein Unglauben zusammenbrach, das Judentum verblasste und Christus aufstrahlte: Christus im Geheimnis des Kreuzes.«[68]

Das Kreuz als Schlüssel

Christus im Geheimnis des Kreuzes, das wurde für Edith Stein die Mitte ihres Lebens und ihres Sterbens. Sie erlebte an der Witwe ihres Kollegen und Freundes Adolf Reinach, »dass die Urerfahrung ihres Glaubens im Tod und in der Auferstehung Jesu gründet. Edith Stein kann bei ihr beobachten, dass der Mensch, der an Jesus Christus glaubt, die Geschichte von ihm her versteht, dass er sie aus dem Geheimnis des Kreuzes, das heißt: aus dem Geheimnis der Liebe Gottes deutet«.[69] Pater Hirschmann SJ erinnert sich nach dem Krieg an das letzte Gespräch, das er mit Edith Stein, Schwester Theresia Benedicta, im Karmel von Echt in Holland hatte, kurz vor ihrer Deportation nach Auschwitz. Er schreibt: »Der entscheidende Anlass zu ihrer Konversion zum Christentum war, wie sie mir erzählte, die Art und Weise, wie die ihr befreundete Frau Reinach in der Kraft des Kreuzesgeheimnisses das Opfer brachte, das ihr durch den Tod ihres Mannes an der Front des Ersten Weltkriegs auferlegt war. In diesem Opfer erlebte sie einen Beweis der Wahrheit der christlichen Religion und war für sie geöffnet« (Brief vom 13. Mai 1950).[70]

Der letzte Schritt hin zur Bekehrung von Edith Stein und damit zu ihrer Taufe war die Lektüre der Autobiographie der heiligen Teresa von Ávila. »Teresa zeigte Edith Stein das Kreuz als Quelle des Lebens. Diese Quelle wird für sie fruchtbar in der Liebe zum Gekreuzigten, in seiner Nachfolge.«[71]

Die Liebe zum Gekreuzigten

Nachfolge, Jüngerschaft, Lebensschule Jesu kann nur heißen: Liebe zum Gekreuzigten. Denn am Kreuz hat Jesus seine ganze Liebe erwiesen. »Niemand hat eine größere Liebe als die, dass er sein Leben für seine Freunde hingibt«, sagt Jesus nach dem Abendmahl (Joh 15, 13). Edith Stein schreibt einmal an einen ihrer Studienkollegen und engen Freund, Roman Ingarden: »Wo die eigene Erfahrung mangelt, muss man sich an Zeugnisse von homines religiosi [gläubigen Menschen] halten. Davon ist ja kein Mangel« (Brief vom 20. November 1927).[72] Wenn man diese Erfahrung selbst nicht gemacht hat, soll man auf die hören und schauen, die sie gemacht haben. Eine der ganz wichtigen Aufgaben, vor denen die Kirche heute steht, ist, zu lernen, von diesen Erfahrungen zu erzählen. Die Kirche ist eine Erzählgemeinschaft. Geschichten wie die von Edith Stein, aber auch Geschichten aus unserem eigenen Leben sollen wir erzählen. Das ist das Entscheidende an der Mission. Das bedeutet nicht, den anderen am Westenknopf zu packen und ihm lästig zu sein, sondern erzählen, was wir erfahren haben, oder die erzählen lassen, die es erfahren haben.

Die »Kreuzeswissenschaft« (so der Titel von Edith Steins letztem Werk, das kurz vor ihrer Verhaftung am 2. August 1942 vollendet wurde) ist ganz und gar ausgerichtet auf die Kreuzesnachfolge, wie sie Edith Stein im Leben des heiligen Johannes vom Kreuz († 1591) vorgelebt sieht. Sie findet in Johannes vom Kreuz einen ganz besonders bevorzugten Zeugen der Erfahrung in der Lebensschule Jesu, die Erfahrung der »Kreuzeswissenschaft«. Er ist für sie ein Meister, der nur dieses eine Ziel hatte: »die

›Verähnlichung mit dem Geliebten‹ in allen seinen Phasen: Leben, Leiden, Sterben, Tod und Auferstehung«.[73]

Die »Verähnlichung mit dem Geliebten« ist die Grunderfahrung eines Johannes vom Kreuz, ebenso des heiligen Paulus, Jude wie Edith Stein, aber ein gläubiger Jude, nicht religiös distanziert wie sie. Er bezeichnet sich selbst als »gesetzestreuen Jude«, sagt von sich, er habe »Jesus, unseren Herrn gesehen« (1 Kor 9,1), Gott habe »ihm seinen Sohn geoffenbart« (Gal 1,16). Dieser Paulus, der Jesus auf dem Weg nach Damaskus begegnet ist, ist ganz und gar auf die Liebe zum Gekreuzigten konzentriert. Er will nur mehr Christus kennen und nur mehr Christus verkündigen »als den Gekreuzigten« (1 Kor 1,23; 2 Kor 2,2). Man spürt in seinen Briefen die ganze Leidenschaft für Christus und sein Kreuz. Für ihn ist »Christus das Leben und Sterben Gewinn« (Phil 1,21). Vor allem im Galaterbrief, der eine Art kleine »Autobiographie« des Apostels ist, kommt das zur Sprache:

Ich bin mit Christus gekreuzigt worden; nicht mehr ich lebe, sondern Christus lebt in mir. Soweit ich aber jetzt noch in dieser Welt lebe, lebe ich im Glauben an den Sohn Gottes, der mich geliebt und sich für mich hingegeben hat.

Galater 2, 19–20

Paulus, der Jesus nicht persönlich kannte, kann sagen: »Er hat mich geliebt und sich für mich hingegeben.« Er, der Jesus nicht kannte, erkennt, dass Jesus ihn gekannt hat, noch ehe er ihm begegnet ist. »Saulus, Saulus, warum verfolgst du mich?«, so spricht er ihn an, er kennt ihn (Apg 9,4). Die große Sorge des Paulus ist, dass die Jünger

und Jüngerinnen Jesu dem Kreuz ausweichen, »das Ärgernis des Kreuzes beseitigen« (Gal 5, 11), die Verfolgung
»wegen des Kreuzes Christi« (Gal 6, 12) vermeiden wollen. Man spürt hier eine tiefe Trauer des Apostels, dass
die Christen dem Kreuz aus dem Weg gehen: »Viele –
von denen ich oft zu euch gesprochen habe, doch jetzt
unter Tränen spreche – leben als Feinde des Kreuzes
Christi. Ihr Ende ist das Verderben, ihr Gott der Bauch;
ihr Ruhm besteht in ihrer Schande; Irdisches haben sie im
Sinn« (Phil 3, 18–19). Das sagt Paulus nicht von den Heiden, das sagt er von seinen Brüdern und Schwestern.

»Als Feinde des Kreuzes Christi leben« ist das
Schlimmste, das dem Jünger Christi geschehen kann. Denn
dann verrät er Jesus, so wie Petrus im Hof des Hohenpries-
ters seinen Meister verraten hat (vgl. Lk 22, 61–62). Aber
wie sollen wir Freunde des Kreuzes Christi werden? Wie
Edith Stein auf ihrem Weg zur Bekehrung sollen auch wir
auf die schauen, die als Freunde des Kreuzes Christi leben.
Paulus sagt das schlicht aber mutig: »Ahmt mich nach,
Brüder, und achtet auf jene, die nach dem Vorbild leben,
das ihr an uns habt« (Phil 3, 17).

Wenn man es genau übersetzt, ist es noch schöner:
»Werdet meine Mit-Nachahmer.« So wie ich Christus
nachahme, so werdet mit mir, nach meinem Vorbild,
Nachahmer Christi. Freunde des Kreuzes Christi werden
heißt Nachahmer Christi werden, »so gesinnt sein untereinander, wie [die Gesinnung] in Christus Jesus war«, sagt
Paulus im Philipperbrief (Phil 2, 5). Die Liebe zum Gekreuzigten ist die Liebe zu dem, den wir nachahmen dürfen, der uns vorgelebt hat, was es heißt, ein Freund des
Kreuzes sein. Wie diese Gesinnung aussieht, haben die
Gemeinden der Urkirche schon sehr früh in ein Lied ge-

Das Kreuz als Schlüssel

fasst. Es ist eines der bekanntesten frühchristlichen Lieder, und wir singen es heute im Stundengebet der Kirche jeden Samstag am Abend:

Er war Gott gleich.
Hielt aber nicht daran fest, wie Gott zu sein,
sondern er entäußerte sich
und wurde wie ein Sklave und den Menschen gleich.
Sein Leben war das eines Menschen;
er erniedrigte sich und war gehorsam
bis zum Tod, bis zum Tod am Kreuz.
Darum hat ihn Gott über alle erhöht
und ihm den Namen verliehen,
der größer ist als alle Namen,
damit alle im Himmel, auf der Erde
und unter der Erde ihre Knie beugen
vor dem Namen Jesu und jeder Mund bekennt:
»Jesus Christus ist der Herr« –
zur Ehre Gottes, des Vaters.

Philipper 2, 6–11

Kreuz und Selbstverleugnung

Die erste Bedingung, »Freund des Kreuzes Christi« zu sein, ist der Gehorsam. Das heißt, dem eigenen Willen »sterben«, wie Christus es getan hat im Ölgarten, als er den Vater inständig bat: »Lass diesen Kelch an mir vorübergehen, Vater, aber nicht mein, sondern dein Wille geschehe« (Mt 26, 39). Wie weit die Jünger von diesem Gehorsam noch entfernt waren, zeigt sich darin, dass sie im

Garten Getsemani schlafen, während Jesus in Todesangst betet (vgl. Mt 26, 36–46).

»Wenn einer hinter mir hergehen will, dann verleugne er sich selbst und nehme sein Kreuz auf sich und folge mir nach.« Wer sich nicht selbst verleugnet, kann kein Freund des Kreuzes Christi sein. Aber was heißt Selbstverleugnung? Dazu gibt es viel geistliche Literatur, Erfahrung durch alle Jahrhunderte von den Schriften der Mönchsväter über die großen Meister des Karmel bis heute. Ich bin auf eine Predigt des jungen seligen John Henry Newman († 1890) über die Selbstverleugnung gestoßen, aus dem Jahr 1833, als er noch anglikanisch war. Er erinnert daran, dass Jesus gesagt hat: Wer sein Jünger sein wolle, der müsse »täglich« sein Kreuz auf sich nehmen (Lk 9, 23). Wir wissen, das »täglich« macht das Kreuz aus. Die normalen Kreuze sind die »täglichen«. Es gibt auch große Kreuze, die sozusagen über uns hereinbrechen, meistens bekommen wir für diese großen Kreuze auch große Kräfte. Aber die alltäglichen Kreuze sind die große Herausforderung für die Selbstverleugnung.

Der selige John Henry Newman weist darauf hin, dass das Ertragen des »Alltagskreuzes« noch nicht genügt. Er sagt, wir sollen »täglich Gelegenheiten zur Selbstverleugnung förmlich *aufspüren* ... Nehmt euch vor, in den belanglosen Dingen anderer zu Gefallen zu sein, in kleinen Dingen anders zu handeln als sonst, es euch eher eine Unbequemlichkeit kosten zu lassen, als dass ihr der täglichen Selbstdisziplin aus dem Weg geht«. Newman spricht hier ein Wort aus, das fast vollständig aus unserem Wortschatz der Verkündigung und des christlichen Alltags verschwunden ist: das Wort Abtötung. Er meint das ganz einfach in den alltäglichen Dingen: »Schon das

Das Kreuz als Schlüssel

Aufstehen sei eine Überwindung. Eure Mahlzeiten seien eine Gelegenheit, euch abzutöten.« Und er bezieht sich dabei auf Paulus, der von sich sagte: »Ich züchtige und unterwerfe meinen Leib, damit ich nicht anderen predige und selbst verworfen werde« (1 Kor 9,27).

Newman ist nüchtern genug, um zu wissen, dass »dies alles eine harte Lehre ist; hart sogar für jene, die sie annehmen und aufs Genaueste zu beschreiben verstehen. Im Herzen und im Leben selbst der Besten gibt es so viel Unvollkommenheiten und Zwiespältigkeiten, dass ständige Bußgesinnung Hand in Hand gehen muss mit unseren Bemühungen, gehorsam zu sein. Da bedürfen wir sehr der Gnade des Blutes Christi, damit wir von der täglich neuen Schuld gereinigt werden«.[74]

Wir wissen, in den kleinen Alltagsdingen bewährt sich die Nachfolge des Kreuzes. »Freunde des Kreuzes Christi« werden verlangt nicht nur den Sieg über die eigene Selbstbezogenheit, sondern bedeutet vor allem, positiv die Gesinnung haben, die in Christus war. Der heilige Thomas von Aquin weist darauf hin, dass es nicht so sehr auf die Schwere des Opfers ankommt, sondern auf die Größe der Liebe. »Er [Christus], hat mich geliebt und sich für mich hingegeben (Gal 2,20). Nicht die Blutigkeit des Kreuzes, nicht die Menge des Leidens, die Schrecklichkeit der Schmerzen Jesu am Kreuz haben uns erlöst, sondern allein die Liebe, die Liebe, die bis zum Letzten geht.«[75]

> Die Liebe Christi drängt uns, da wir erkannt haben: Einer ist für alle gestorben. Er ist aber für alle gestorben, damit die Lebenden nicht mehr für sich leben, sondern für den, der für sie starb und auferweckt wurde.
>
> *2 Korinther 5,14–15*

Kreuzesnachfolge ist nichts anderes als erfasst zu werden von der Liebe Christi. Es gibt in dieser Nachfolge Erfahrungen, die wie Wendepunkte sind, wo Vorher und Nachher einen Unterschied ausmachen, an denen das Leben mit Christus und für Christus eine ganz neue Dimension bekommt. Das hat sehr oft mit konkreten Kreuzeserfahrungen zu tun. Die selige Mutter Teresa von Kalkutta († 1997) erinnert sich an einen solchen Wendepunkt in ihrem Leben. Sie sagt einmal: »Wenn ich, die Mutter, nicht als Erste jene an Gesicht, Beinen usw. von Ratten zerfressene Frau aufgelesen hätte, hätte ich niemals Missionarin der Nächstenliebe sein können. Aber ich bin zurückgekehrt, habe sie aufgelesen und ins Campbell-Hospital gebracht. Hätte ich das nicht getan, wäre die Kongregation daran gestorben. Ekel zu spüren ist menschlich. Wenn wir unseren hingegebenen und unentgeltlichen Dienst anbieten, ohne auf solche Gefühle zu achten, werden wir uns heiligen.«[76]

Kreuzesnachfolge kann an solchen Wendepunkte geschehen, wenn wir im Notleidenden Christus erkennen. In den Ärmsten Christus zu sehen hat Mutter Teresa zur Gründerin ihrer Gemeinschaft gemacht. Sie erzählte gerne ein Beispiel von der heiligen Elisabeth von Thüringen († 1231): »Eines Tages gab die hl. Elisabeth einem Aussätzigen Gastfreundschaft und ließ ihn auf dem Bett ihres Gatten ruhen. Als die Schwiegermutter das sah, ergriff sie die Gelegenheit, ihren Sohn gegen seine Frau aufzuhetzen. Der Gatte lief erzürnt ins Zimmer, aber zu seiner Überraschung erblickte er auf seinem Bett die Gestalt Christi. Elisabeth, so sagt Mutter Teresa, war dieses Wunder geschenkt worden, weil sie überzeugt war, in dem Aussätzigen Christus zu pflegen.«[77]

Das Kreuz als Schlüssel

Diese Erfahrung ist mir nicht fremd, auch wenn ich selbst weit davon entfernt bin, sie wirklich tief zu leben. Ich kenne Menschen, die das heute glaubwürdig leben, die im Notleidenden Christus begegnen.

Not und Leid

Das Kreuz können wir nur lieben, wenn wir den gekreuzigten Herrn lieben, das heißt immer auch den Auferstandenen, der auch als der Auferstandene der für uns Hingegebene bleibt mit seinen Wunden. Was aber machen wir angesichts des unsäglichen, erschütternden Leides, dem wir in dieser Welt begegnen können? Dieses Leid scheint manchmal dermaßen groß, dass man wie benommen davorsteht. Ich las vor einiger Zeit einen ausführlichen Artikel über die Praxis der Folter weltweit und war fassungslos. Man weiß das, denkt aber doch nicht daran. Es ist unvorstellbar, was heute, in dieser Stunde an Folter geschieht! Oft denke ich in der Nacht an die Gefängnisse. Ich habe vor Kurzem einen Übersichtsbericht über den Zustand der Gefängnisse in den meisten Teilen der Welt gelesen. Immer wenn diese Stelle im Psalm kommt: »Du hörst den Schrei der Gefangenen« (vgl. Ps 69,34), muss ich an diese Wirklichkeit unserer heutigen Welt denken, das unvorstellbar viele Elend in den Gefängnissen dieser Welt. Denken wir an den Menschenhandel, auch unter unseren Augen hier in Wien, ohne dass wir es merken. Wie viel Elend an sexueller Ausbeutung, an Gewalt, an Angst. Das ist Kreuz pur, in der ursprünglichen Grausamkeit, mit der es erfunden wurde, um Menschen zu Tod zu bringen. Was sagen wir angesichts dieser Masse an Leid, an Unmenschlichkeit im Blick auf das Kreuz? Ist demgegenüber unser ganzes Reden von der Liebe zum Kreuz, zum Gekreuzigten, nicht reine Ohnmacht?

Ich erinnere mich an mein erstes Referat im Gymnasium in der vierten Klasse. Ich habe über Henri Dunant (†1910), den Gründer des Roten Kreuzes, gesprochen. Was hat sich doch durch die Initiative dieses einen Mannes geändert, im Zeichen des Kreuzes, auch wenn es säkular ist und nicht mehr unbedingt als das christliche Kreuz gesehen wird. Wie viel selbstloser, bedingungsloser Hilfsdienst weltweit, wie viel Wiedergutmachung des Schrecklichen, das unter dem Zeichen des Kreuzes geschehen ist! In zahllosen Initiativen humanitärer Hilfe wirkt das Kreuz Christi weiter, auch wenn es nicht ausdrücklich genannt wird. Es ist die verborgene, reale Quelle selbstvergessener Hingabe und Hilfsbereitschaft. Hier ist der Gekreuzigte wirklich am Werk.

Angesichts all der Not ist das Kreuz Christi Zuflucht. Wir sollten oft beim Kreuz Christi Zuflucht suchen, dem Gekreuzigten und Auferstandenen all das Kreuz des Leidens hinhalten. Es gilt Ja zu sagen zu dem Kreuz, das uns zugemutet ist, und im Leid, in Angst und Hilflosigkeit und Überforderung das Kreuz zu umarmen, und das heißt immer den Gekreuzigten ans Herz drücken. Wie viel Trosterfahrungen, Heilserfahrungen von Sterbenden gibt es. Ein Beispiel wäre die wunderbare Stelle in der Autobiographie der kleinen heiligen Theresia über Pranzini, den Mörder, für den sie als 14-Jährige inständig gebetet hat. Kurz vor seiner Enthauptung – er hatte alle religiöse Hilfe abgelehnt – dreht er sich plötzlich um,

Das Kreuz als Schlüssel

ergreift das Kreuz, das der Priester ihm hinhält, küsst es dreimal innig und geht dann in den Tod.

Mein Vater hat mir kurz vor seinem Tod ein Wort gesagt, das ich nie vergessen werde: »Ich habe einen Satz gelesen, der mich sehr beeindruckt hat. Er lautete: Die Vorderseite vom Kreuz ist Leid und Tod. Die Rückseite ist Auferstehung und Freude.«

VII. »Geht hinaus in die ganze Welt!«

—⚬—

Aus Schülern werden Lehrer

Wie werden die Schüler zu Lehrern? Wie werden die, die Jesus in seine Schule genommen hat zu denen, die er als Missionare, als seine Zeugen aussenden kann? Der auferstandene Herr hatte die Apostel zum Berg der Seligpreisungen bestellt. Dort ist er ihnen erschienen. Der heilige Matthäus berichtet, dass die Apostel vor ihm niederfielen in Ehrfurcht und Anbetung, einige hatten noch Zweifel. Da spricht Jesus sie an:

> Mir ist alle Gewalt gegeben im Himmel und auf Erden, darum geht zu allen Völkern und macht alle Menschen zu meinen Jüngern [zu meinen Schülern, kann man auch übersetzen]. Tauft sie auf den Namen des Vaters, des Sohnes und des Heiligen Geistes und lehrt sie alles befolgen, was ich euch geboten habe.
>
> *Matthäus 28, 17–20*

Die ganze Lehre Jesu

Schüler sind dazu da, um etwas zu lernen. Die Aufgabe der Lehrer ist es, neue Schüler zu machen, zu lehren. Die Jünger Jesu sollen die, die sie zu Schülern Jesu gemacht haben, auch lehren. Alles, was sie von ihrem Lehrer gehört haben, sollen sie ihnen weitergeben. So versteht Paulus seine Aufgabe, wenn er sagt: »Was ich vom Herrn selbst empfangen habe, das gebe ich euch weiter« (1 Kor 11,23). Sie sollen nicht ein bisschen weitergeben, stückweise, sondern alles. »Alles, was ich euch aufgetragen habe« (Mt 28,20), sollt ihr die anderen lehren, die durch euch meine Jünger werden. Aber was ist dieses alles? Steht das irgendwo geschrieben? Wo finden die Apostel, die Jünger dieses alles? Die Schüler, die zu Lehrern geworden sind, sollen die ganze Lehre des Meisters weitergeben. Aber wo steht diese Lehre? Wie kann man überprüfen, ob die Lehrer die Lehre des Herrn wirklich weitergeben oder ob sie sie nicht verkürzen, nicht Eigenes hineinmischen, ob nicht im Lauf der Zeit, der Jahre und Jahrhunderte die Lehre Jesu verändert, verfälscht wurde? Inzwischen sind zweitausend Jahre vergangen. Ist die Lehre nicht längst etwas anderes geworden als das, was Jesus ursprünglich gelehrt hat? Die Apostel haben ihn noch selbst gehört, sie waren Ohren- und Augenzeugen. Er hat sie selbst geschult, und sie waren seine direkten persönlichen Schüler. Solange es die Augen- und Ohrenzeugen gab, konnten sie sich auch gegenseitig kontrollieren, wenn sie erzählt haben, was Jesus gelehrt hat. Sie konnten ihre Erinnerungen austauschen und gegenseitig überprüfen, ob sie wirklich die Lehre Jesu genau weitergegeben haben. Aber nach dem Tod des letzten Apostels, wer konnte da garantieren, dass die Lehre Jesu nicht allmählich verfälscht wurde? Hat sich da nicht im Lauf der Jahrhunderte vieles um die Lehre Jesu angelagert, das sie verdeckt, verstellt, unkenntlich macht? Woher wissen wir heute, was Jesus wirklich gelehrt hat, was ursprünglich seine Lehre war?

Die Sendung der Jünger

Der Katechismus der katholischen Kirche gilt als eine authentische, gültige Zusammenfassung der katholischen Glaubenslehre heute. Aber was im Katechismus ist wirklich Lehre Jesu? Und: Hatte Jesus überhaupt eine Lehre? Gibt es so etwas wie eine beschreibbare, klar definierte Lehre Jesu? Haben wir nicht immer schon »gefilterte« Berichte über das, was Jesus gelehrt, getan hat, durch die Brille der Zeitzeugen, durch die Brille ihrer Vorverständnisse, durch das, was sie mitgebracht haben an eigenen Vorstellungen, und durch die Art, wie sie Jesu Worte, Taten und Lehren aufgenommen und somit die eigene Sicht weitergegeben haben? Wir haben nur die vier Evangelien und die anderen Schriften des Neuen Testamentes. Anders kommen wir gar nicht an Jesus heran. Aber kommen wir hinter die Autoren des Neuen Testamentes direkt zu Jesus? Oder haben wir immer nur das, was uns die Zeugen in ihrer Sichtweise berichtet haben. Das sind Fragen, die jeder, der sich mit Theologie beschäftigt, kennenlernt und die manchen Probleme bereiten. Hat Johannes nicht ein anderes Bild von Jesus gezeichnet als Matthäus? Und ist Markus nicht doch sehr anders als Lukas? Jeder hat seinen Schwerpunkt, seine eigenen Akzente. Ist die Bergpredigt, wie Matthäus sie überliefert, wirklich die Lehre Jesu, an der wir festhalten sollen? Sind die Gleichnisse, die nur bei Lukas stehen, wirklich Jesu Lehre oder die Deutung des Lukas? Und die vielen Reden Jesu, die das Johannesevangelium überliefert: Sind sie wirklich Lehre Jesu oder nicht vielmehr eine Auslegung des Theologen Johannes? Kurz: Finden wir Jesus selbst im Neuen Testament? Nur dann können wir von einer Lehre Jesu reden, von dem, was er wirklich selbst seinen Jünger gesagt hat, was er sie zu lehren beauftragt hat.

Diese Frage hat mich als jungen Studenten sehr umgetrieben, und ich merke immer wieder, dass sie auch Menschen bewegt, die sich heute mit Theologie beschäftigen und oft verwirrt reagieren. Joseph Ratzinger, Papst Benedikt XVI., hat uns drei Bände über »Jesus von Nazareth« geschenkt. Er hat sich intensiv mit dieser Frage auseinandergesetzt und damit auch eine weltweite Diskussion ausgelöst: Können wir den Evangelien trauen? Zeigt das Bild, das die Evangelien von Jesus zeichnen, wirklich Jesus oder nicht doch eine Übermalung, eine Darstellung, wie es viele Jesusbilder und Christusdarstellungen unterschiedlichster Art gibt?

Papst Benedikt XVI. hat die moderne Bibelwissenschaft nicht vernachlässigt, er kennt sie wie kaum jemand anderer unter den großen Theologen unserer Zeit. Er hat sich sein Leben lang intensiv mit dem Wort Gottes, mit der Bibel, besonders mit dem Neuen Testament, auseinandergesetzt und auch mit der Exegese, der Bibelwissenschaft. Er sagt selbst, er wolle, ohne die moderne Exegese zu vernachlässigen, »doch den Versuch machen, einmal den Jesus der Evangelien als den wirklichen, als den ›historischen Jesus‹ im eigentlichen Sinne« darstellen. Und er sagt: »Ich denke, dass gerade dieser Jesus – der der Evangelien – eine historisch sinnvolle und stimmige Figur ist.«[78] Wenn wir einen sicheren Zugang zur Lehre Jesu haben wollen, dürfen wir den Evangelien vertrauen. »Lehrt sie alles halten, was ich euch gelehrt habe.« Alles, was Jesus gelehrt hat, finden wir zuerst in den Evangelien.

Die heilige Thérèse von Lisieux ist im Alter von nur 24 Jahren gestorben, sie hatte nie einen Lehrstuhl an einer Universität, aber sie ist Kirchenlehrerin. In ihren autobiographischen Manuskripten steht: »Vor allem das Evangelium spricht mich während meiner inneren Gebete an; in ihm finde ich alles, was meiner armen Seele Not tut. Ich entdecke darin stets neue Einsichten, verborgene, geheimnisvolle Sinngehalte.«[79] Thérèse findet im Evangelium alles: »Lehrt sie alles halten, was ich euch gelehrt habe.«

Der heilige Hieronymus sagt: »Unkenntnis der Schriften ist Unkenntnis Christi« (zit. KKK 133). Mich beeindruckt es immer neu, Menschen zu begegnen, die in der Heiligen Schrift »zu Hause« sind, die das Wort Gottes »verschlungen« haben, wie der Prophet Jeremia einmal sagte: »Wenn sich dein Wort einstellte, dann habe ich es verschlungen« (vgl. Jer 15, 16). Menschen, die nach dem Wort Gottes hungern und dürsten, Menschen die innerlich vom Wort Gottes geprägt sind. Es wird mehr und mehr zum Wort, aus dem sie leben, zum Wort, das gewissermaßen ihre Lebenssubstanz ist.

Die Kraft der Verkündigung

Es muss schon etwas Einzigartiges gewesen sein, Jesus als Lehrer zu erleben: »Als Jesus diese Rede beendet hatte, war die Menge sehr betroffen von seiner Lehre; denn er lehrte sie wie einer, der göttliche Vollmacht hat und nicht wie ihre Schriftgelehrten« (Mt 7, 28–29). Seine Jünger scheinen etwas von der Kraft seiner Lehre mitbekommen und ausgestrahlt zu haben. Denn nach Ostern und nach Pfingsten treten sie mit großer Vollmacht und Autorität auf. »Tag für Tag lehrten sie unermüdlich im Tempel und in den Häusern und verkündeten das Evangelium von

Jesus, dem Christus« (Apg 5,42). Und immer wieder steht da das Wort *meta paresias,* mit Zuversicht, mit Kraft, mit Autorität. Die Lehre Jesu lebt weiter in der Lehre der Apostel. Das hat erstaunliche, überraschende Kraft, von der die ganze Apostelgeschichte viele Zeugnisse gibt. Da ist etwa die Heilung des gelähmten Bettlers an der goldenen »schönen Pforte« des Tempels. Darüber werden Petrus und Johannes vor dem Hohen Rat verhört, und es heißt: »Als sie den Freimut des Petrus und Johannes sahen und merkten, dass es ungelehrte und einfache Leute waren, wunderten sie sich« (Apg 4,13). Sie wunderten sich darüber, dass sie mit einer solchen Kraft und Klarheit verkündigten.

Die Lehre der Apostel besteht nicht in ausgeklügelten Theorien, sondern ist kraftvoll und klar. Sie hat ein einziges Thema: Jesus Christus, den Herrn. Über ihn können sie unmöglich schweigen. Sie können seinen Namen nicht mehr verschweigen, sie müssen über ihn reden, obwohl der Hohe Rat verlangt, dass sie nie wieder im Namen Jesu predigen und lehren dürfen. Man hat sie also erlebt als Menschen, die den Namen Jesu predigen und lehren. Die Apostel antworten: »Unmöglich können wir schweigen, über das, was wir gesehen und gehört haben« (Apg 4,20).

So war das damals am Anfang: Sie verkündeten und lehrten die Person Jesu Christi. Das war das Neue, der wesentliche Inhalt ihrer Lehre. Aber ist es dabei geblieben?

Haben sich nicht inzwischen in den zweitausend Jahren weitere Lehren daran gehängt, herumgruppiert, die es viel schwieriger machen, zu sagen, worin nun wirklich die Lehre Jesu besteht und was später dazugekommen ist? Ist alles, was das Zweite Vatikanische Konzil, was der Kate-

Die Sendung der Jünger

chismus lehrt, »Lehre Jesu«? Ist das nicht viel zu kompliziert? Ist Jesus nicht viel einfacher? Passt das noch zu den ungelehrten Aposteln, die vor dem Hohen Rat standen? Muss man dieses ganze Gepäck der Glaubenslehre im Rucksack haben, um heute ein Christ sein zu können?

Wir stellen fest, dass die Kenntnis der Glaubenslehre in weiten Bereichen des Volkes Gottes ganz dramatische Defizite aufweist. Man spricht heute vom »Analphabetismus« der Christen in Glaubenssachen. Wo finden wir mit all den vielen Lehren, den dicken Büchern die Mitte der Lehre Christi, sozusagen ihren lebendigen Kern? Wenn das nicht Sache von Gelehrten und Spezialisten sein soll, sondern gerade von den Einfachen, dann muss die Lehre Jesu auch zugänglich und erreichbar sein, verstehbar und lebbar, für die vor allem, denen Jesus die Erkenntnis und die Kenntnis seiner Lehre besonders zugesprochen hat. »Ich preise dich, Vater, Herr des Himmels und der Erde, weil du alles das den Weisen und Klugen verborgen, den Unmündigen aber offenbart hast« (Mt 11, 25).

Der einfache Glaube

Der heilige Johannes Chrysostomos weist in seiner Auslegung der Schlussworte des Matthäusevangeliums darauf hin, dass der Auftrag Jesu »Lehrt sie alles zu befolgen, was ich euch geboten habe« unmittelbar nach dem Taufbefehl steht: »Geht zu allen Völkern, macht alle Menschen zu meinen Jüngern, tauft sie auf den Namen des Vaters und des Sohnes und des Heiligen Geistes und lehrt sie alles halten.« »Jesus befiehlt ihnen, die Lehre von der Taufe, die er ihnen als Zusammenfassung der gesamten Lehre anvertraut, über den Erdkreis auszugießen.«[80]

Die Lehre Jesu sieht Chrysostomos als die Lehre von der Taufe; die Taufkatechese ist die Summe der Lehre Jesu. Nicht umsonst hat die alte Kirche das Katechumenat, die Vorbereitung für die Taufe der Erwachsenen, als besonders wichtig und unumgänglich betrachtet. Im Katechumenat wird ihnen die Lehre Jesu eingeprägt. Sie soll vor allem innerlich aufgenommen werden.

Ich habe oft bei ganz einfachen Menschen in besonderer Tiefe die Kenntnis der Lehre Jesu erfahren. Und immer wieder hat mich die Frage bewegt: Woher haben sie diese Kenntnis? Woher kommt dieses tiefe Verstehen, diese unerschütterliche Klarheit über den Herrn und über seine Lehre? Den denkerischen Zugang zu dieser für mich ganz festen Gewissheit habe ich vor vielen Jahren in einer Predigt von Kardinal Ratzinger gefunden, die er als Erzbischof von München am 31. Dezember zu Silvester 1979 im Münchner Dom gehalten hat. Er setzt bei der Taufe an.[81]

Damals ging es um den Entzug der Lehrerlaubnis für Professor Hans Küng, den Schweizer Theologen, Professor in Tübingen, Kollege von Professor Ratzinger. Der Entzug der *missio canonica,* also der Erlaubnis, im Namen der katholischen Kirche zu lehren, wurde vielfach, so erinnert Kardinal Ratzinger, als autoritäre Unterdrückungsmaßnahme gebrandmarkt, als Angriff auf das heilige Ur-Recht der Freiheit. In der Schweiz wurde damals eine heftige Debatte geführt. Die freie Meinungsäußerung schien aus der Kirche verbannt zu sein, Menschenrechte gewissermaßen mit Füßen getreten. In dieser Diskussion ging es vor allem um die Frage des Christusbekenntnisses. Die

Die Sendung der Jünger

Debatte spitzte sich dann auf die Frage zu: Gibt es überhaupt verpflichtende Formeln des Glaubens? Kann man überhaupt den Glauben in Formeln fassen? Lässt sich die Lehre Jesu, lässt sich das, was die Person Jesu betrifft, auf Begriffe, auf lehrmäßige Sätze zurückführen? Wenn ja, welche Aussagen passen auf Jesus? Passen diese Aussagen immer, auch heute, oder nur damals in bestimmten Zeiten und Kulturen?

Kardinal Ratzinger sagt in der Silvesterpredigt: »Der christliche Glaube ist ... von Anfang an unter der Formel aufgetreten: Ich glaube, dass dies so uns so ist. So deutlich hat Paulus das im 6. Kapitel des Römerbriefes herausgestellt. Im Vers 17 sagt Paulus die für uns von höchster Bedeutung stehende Aussage: ›Gott sei gedankt: ihr wart Sklaven der Sünde, und seid vom Herzen gehorsam geworden gegenüber dem Typos der Lehre, in den hinein ihr übergeben worden seid‹.« So lautet wörtlich übersetzt eine etwas seltsame, schwierige Formulierung.

Paulus spricht den Gehorsam an: Ihr seid vom Herzen her gehorsam geworden gegenüber der Lehre. Ratzinger sagt: »Der Gegensatz zur Sklaverei, zur Unfreiheit ist für Paulus nicht die Bindungslosigkeit, sondern der von Herzen her kommende Gehorsam.« »Von Herzen gehorsam« ist keine sklavische Unterwerfung, sondern das liebende Einschwingen in den Willen des anderen im Vertrauen, in Freiheit. Jesus hat seinen Gehorsam dem Vater gegenüber gelebt, im vollen Vertrauen, in Freiheit, im Einschwingen in seinen Willen. Gerade der Ungehorsam dem Willen Gottes gegenüber wurde zur Ursache unserer Unfreiheit. Der Gehorsam dem Willen Gottes gegenüber ist Freiheit. Die Schüler Jesu, seine Jünger, können selbst nur Lehrer des Glaubens werden, wenn sie »von

Herzen gehorsam« sind, hörend auf den Willen und das Wort Gottes.

Kardinal Ratzinger fährt fort: »Aber nun ist da noch etwas sehr Wichtiges: Der Gehorsam hat einen sehr konkreten Inhalt: Paulus bezieht ihn auf den ›Typos von Lehre, dem ihr übergeben worden seid‹. Der Apostel weist damit ... auf das Glaubensbekenntnis beziehungsweise auf eine katechismusartige Formulierung der Lehre hin, die der Inhalt der Taufe ist.«

Die Taufe ist nicht irgendein Ritual, sondern »ein inhaltlicher Vorgang«: Sie ist das Eintreten in eine gemeinsame Form, in ein gemeinsames Glaubensbekenntnis, in den Glauben der Kirche. Der Glaube hat sehr konkrete, »für jedermann verständliche inhaltliche Aussage[n]«. Die Aussagen des Glaubens erklärt Kardinal Ratzinger mit einer hilfreichen Unterscheidung. Er sagt, die Glaubensaussagen sind »unerschöpflich«, aber »nicht unfassbar und beliebig«. Sie sind unerschöpflich »und daher immer neu zu vertiefen«, aber nicht unbestimmt, sodass jeder damit machen könnte, was er will. Glauben, dass Jesus der Christus ist, der Sohn des lebendigen Gottes, ist etwas ganz Bestimmtes, auch wenn es unerschöpflich ist. Paulus sagt etwas Eigenartiges: »Nicht die Tradition wird dem Täufling übergeben, sondern der Täufling der Tradition. Sie wird nicht sein Eigentum, das er beliebig gestalten kann, sondern er wird ihr Eigentum. Sie ist die größere Form, die ihn gestaltet und nicht umgekehrt.« Paulus sagt: »Ihr wurdet dem Typos der Lehre übergeben.« Nicht wir sind die Eigentümer des Glaubens, sondern wir werden dem Glauben übereignet. Wie der Jünger nur Schüler Jesu werden kann, wenn er sich ganz dem Meister übereignet und anvertraut, sich von ihm prägen lässt, so kann er erst recht nicht Lehrer sein, wenn er sich nicht ganz der Lehre Jesu übergeben hat. Die Lehre Jesu ist das Maß, die Richtschnur, der »Kanon« der Lehre.

Ich schließe ein persönliches Zeugnis an. Wir hatten in Fribourg eine charismatische Gebetsgruppe. Die charismatische Erneuerung war noch sehr jung. In dieser Gebetsgruppe war ich als Pater und Universitätsprofessor »einfaches Mitglied«. Sie wurde von einem Mann geleitet, François Baetig, der ein Gärtner war. Er war mir ein echter Lehrer in Sachen Jesu, nicht nur wegen seiner nüchternen und tiefen Frömmigkeit, sondern auch wegen seines ganz sicheren Gespürs für das, was der Glaube lehrt und was nicht zum Glauben gehört. Das hatte er nicht von einem Universitätsstudium, sondern er besaß eine innere Erkenntnis, die aus einer langen Glaubenserfahrung, aus einem tiefen Gebetsleben, aus einer gelebten Vertrautheit mit dem Herrn kam. Wenn François von der Eucharistie sprach, dann wusste ich, er spricht von der Wirklichkeit. Wenn ich Vorlesungen über die Eucharistie gehalten habe, war da sehr viel Wissen, sehr viel Historisches, Theologisches, Reflektiertes, aber mir war immer klar, François, Leiter unserer Gebetsgruppe, weiß, wovon er spricht, wenn er von der Eucharistie spricht. Es war ihm keine angelernte Theorie, sondern gelebte Kenntnis. Natürlich kannte er seinen Katechismus, damals lernten ihn die Jugendlichen noch. – Es ist eine der großen Nöte unserer Generationen, dass wir die Grundkenntnisse nicht mehr haben. Ich denke bei manchen Begegnungen mit Muslimen, mit welcher Präzision sie ihren »Katechismus« aufsagen können, sicher angelernt, aber sie können es. Unsere jüngere Generation hat diesen Halt nicht mehr mitbekommen und tut sich dementsprechend schwer zu sagen, was eigentlich Kern der Lehre Christi ist, worin sie besteht und was sie konkret auch an Formulierungen bedeutet. – Bei unserem Gärtner François war es aber nicht nur Katechismuswissen. Ich habe oft darüber nachgedacht, auch theologisch: Was war das eigentlich? In diesem Nachdenken war für mich die Silvesterpredigt von Kardinal Ratzinger ein »Schlüsselerlebnis«. In seiner Auseinandersetzung mit Hans Küng bezog sich der Münchner Erzbischof auf die Tageslesung vom 31. Dezember aus dem ersten Johannesbrief. Da heißt es:

> Ihr habt die Salbung von dem, der heilig ist, und ihr wisst es alle ... wer leugnet, dass Jesus der Sohn ist, hat auch den Vater nicht; wer bekennt, dass er der Sohn ist, hat auch den Vater. Für euch gilt: Was ihr von Anfang an gehört habt, das soll in euch bleiben; wenn das, was ihr von Anfang an gehört habt, in euch bleibt, dann bleibt ihr im Sohn und im Vater. Dies habe ich euch über die geschrieben, die euch in die Irre führen. Für euch aber gilt: Die Salbung, die ihr von ihm empfangen habt, bleibt in euch, und ihr braucht euch von niemand belehren zu lassen. Alles was seine Salbung euch lehrt, ist wahr und keine Lüge. Bleibt in ihm wie es euch seine Salbung gelehrt hat.
>
> *1 Johannes 2, 18–27*

Kardinal Ratzinger zeigt die konkrete Situation auf, die der Apostel Johannes in diesem Brief im Blick hat: die Gnosis. Diese damals aufkommende Lehre hat versucht, für die Gebildeteren das Christentum symbolisch zu interpretieren. Gottessohnschaft, jungfräuliche Empfängnis, Kreuzestod, Auferstehung, leeres Grab: alles nur sym-

Die Sendung der Jünger

bolisch; die Wunder Jesu: alles nur symbolisch. Für die »feineren Geister«, die Gebildeteren, wollte man nicht etwas so Rohes, Wörtliches, wie das die »primitiven Leute« sahen, ein Christentum, das dem damaligen Zeitgeist eingängig war. Ist das Christentum, ist die Lehre von Jesus für die »Primitiven« etwas Wörtliches und für die »Gescheiteren«, die Gebildeten etwas Symbolisches? Sind die einfachen Gläubigen primitiv, wenn sie glauben, dass die Wunder Jesu wirklich so geschehen sind, dass er wirklich durch den Heiligen Geist von der Jungfrau Maria empfangen wurde, dass er wirklich auferstanden ist, so wie es uns das Evangelium sagt?

Johannes verteidigt den Glauben der »einfachen Gläubigen«: »Ihr habt die Salbung und ihr alle seid Wissende ... Ihr kennt die Wahrheit ... Die Salbung bleibt in euch und ihr braucht euch von niemand belehren zu lassen.« Ratzinger erklärt: Johannes meint mit der »Salbung« zuerst Christus selbst: »Ihr habt Christus, den ›Gesalbten‹, und ihr braucht euch nicht belehren zu lassen.« Er selbst lehrt uns alles. Ihn zu haben, ihn zu kennen, ihn zu lieben ist der Weg, seine Lehre zu kennen. Er ist sie »in Person«. Das Wort »Salbung« bezieht sich aber auch auf »die Taufe und den in der Taufe übermittelten gemeinsamen Glauben. Was Johannes hier schreibt, ließe sich also auf die Formel bringen: Nicht die Gelehrten bestimmen, was an dem Taufglauben wahr ist, sondern der Taufglaube bestimmt, was an den gelehrten Auslegungen gültig ist. Nicht die Intellektuellen messen die Einfachen, sondern die Einfachen messen die Intellektuellen. Nicht die intellektuellen Auslegungen sind das Maß für das Taufbekenntnis, sondern das Taufbekenntnis in seiner naiven Wörtlichkeit ist das Maß aller Theologie. Der Getaufte, im Taufglauben Stehende, braucht keine Belehrung. Er hat die entscheidende Wahrheit empfangen und trägt sie mit dem Glauben selbst in sich.«

Diese Worte von Kardinal Ratzinger waren damals zum Jahreswechsel 1979/1980 für mich die denkerische Bestätigung dessen, was ich als junger Professor anschaulich mit dem Leiter unserer Gebetsgruppe erlebte. Wenn er, der einfache Gärtner, von den Dingen des Glaubens sprach, konnte ich wahrnehmen, dass diese Glaubensklarheit immer auch das Maß für meine theologische Lehrtätigkeit sein musste. Nie darf ich als »gelehrter Theologe« über dem Glauben der Einfachen zu stehen beanspruchen. Meine Aufgabe als Theologieprofessor war es, diesem Glauben zu dienen, seine Schönheit und Stimmigkeit darzustellen und ihn gegen Angriffe zu verteidigen.

Kardinal Ratzinger, der damals noch nicht Präfekt der Glaubenskongregation war, hat die Aufgabe des kirchlichen Lehramtes auf den Punkt gebracht: »Das kirchliche Lehramt schützt den Glauben der Einfachen; derer, die nicht Bücher schreiben, nicht im Fernsehen sprechen und keine Leitartikel in den Zeitungen verfassen können: Das ist sein demokratischer Auftrag. Es soll denen Stimme geben, die keine haben.«

Ich durfte diese Erfahrung in meiner Tätigkeit als Theologieprofessor immer neu erleben: Stimme der einfachen Glaubenden zu sein. Durch das Studium, das Forschen, das Arbeiten mit den großen Meistern der Theologie, den Kirchenvätern, dem heiligen Thomas von Aquin, den geistlichen Lehrerinnen und Lehrern die Stimmigkeit der Glaubenslehre der Kirche aufzuzeigen und in ihr die lebendige Lehre Jesu zu vernehmen.

Kehren wir zur Ausgangsfrage zurück: Wie werden die Jünger, die Schüler Jesu, zu Lehrern des Glaubens? Ein Erstes ist deutlich geworden: Die echten Lehrer des Glaubens bleiben immer in der Schule des Meisters, bleiben Jünger und Jüngerinnen des Herrn. Nie haben wir ausgelernt, was es heißt, ihm nachzufolgen. Das Leben mit Jesus, der vertraute Umgang mit ihm bleibt die Quelle, aus der alles Lehren strömt. Das gilt für die Eltern, die ihren Kindern den Glauben weitergeben wollen; das gilt für den Theologieprofessor, der den Glauben reflektiert. Das ist meine eigene Erfahrung aus sechzehn Jahren Lehrtätigkeit: So unerlässlich das gründliche und fleißige Studium ist, die wirklichen tiefen Einsichten kommen aus dem Umgang mit dem Herrn, wenn in der Betrachtung, im Gebet etwas »einleuchtet«, von innen her erfasst wird. Das ist dann »die Salbung, die uns alles lehrt«, wie Johannes sagt.

Ein Zweites wurde deutlich: Zum christlichen Lehrer des Glaubens gehört auch Wissen, ganz schlicht das Kennen der Heiligen Schrift, besonders der Evangelien. Aber auch jenes Grundwissen des Glaubens, das Paulus den »Typos der Lehre« nannte, im Glaubensbekenntnis zusammengefasst. Es ist nicht zuerst eine Sammlung von Sätzen, sondern besteht in Ereignissen und Tatsachen: dass Gott wirklich der Schöpfer aller Dinge ist, dass Jesus wirklich der Christus, der Sohn des lebendigen Gottes ist, wirklich von Maria der Jungfrau empfangen wurde, wirklich für uns Mensch geworden ist zu unserem Heil, wirklich gelitten hat, gestorben ist, begraben wurde und wahrhaft auferstanden ist und dass der Heilige Geist wirklich die eine, heilige, katholische und apostolische Kirche trägt.

Die Lehre, die die Jünger weitergeben sollen, ist vor allem das Bekenntnis zu diesen Tatsachen. Worin besteht denn die Lehre des heiligen Paulus? Er sagt es selbst ganz klar: »Denn als erstes habe ich euch überliefert, was auch ich empfangen habe: Christus ist für unsere Sünden gestorben, gemäß der Schrift, und ist begraben worden. Er ist am dritten Tag auferweckt worden, gemäß der Schrift, und erschien dem Kephas, dann den Zwölf ... Das ist unsere Botschaft, und das ist der Glaube, den ihr angenommen habt« (1 Kor 15, 3–11).

Lehrer sind Zeugen

Der Auferstandene sagt zu den Jüngern, die im Abendmahlsaal versammelt sind: »So steht es in der Schrift: Der Messias wird leiden und am dritten Tag von den Toten auferstehen, und in seinem Namen wird man allen Völkern, angefangen in Jerusalem, verkünden, sie sollen umkehren, damit ihre Sünden vergeben werden. Ihr seid Zeugen davon. Und ich werde die Gabe, die mein Vater verheißen hat, zu euch herabsenden« (Lk 24, 46–49).

Die Lehrer sollen nicht nur lehren, sondern Zeugen sein. Mit einem berühmten Wort von Papst Paul VI. († 1978): »Der heutige Mensch hört lieber auf Zeugen als auf Gelehrte, und wenn er auf Gelehrte hört, dann deshalb, weil sie Zeugen sind.«[82] Dieses oft zitierte Wort ist ein treues Echo dessen, was Jesus seinen Jüngern gesagt hat: »Ihr werdet meine Zeugen sein« (Apg 1, 8).

Zeuge heißt im Griechischen *martys*. Der Zeuge ist der Märtyrer. Die Schüler werden zu Lehrern, indem sie zu

Zeugen werden. Am Märtyrer wird klar, dass die Lehre, die Jesus seinen Jüngern aufträgt, vor allem ein Bekenntnis, ein Zeugnis ist. »Wer sich vor den Menschen zu mir bekennt, zu dem werde auch ich mich vor meinem Vater im Himmel bekennen« (Mt 10, 32). Die Verkündigung des Evangeliums ist nicht ohne Feindschaft und Verfolgung möglich. Erik Peterson (†1960) sagt in seiner berühmten Schrift »Zeuge der Wahrheit« (1937, also schon mitten in der Nazizeit geschrieben): »Solange das Evangelium in dieser Welt verkündet wird – also bis an das Ende der Zeit –, so lange wird die Kirche auch Märtyrer haben.«[83]

Auch wenn nicht alle zum Martyrium berufen sind, so doch zum Zeugnis, und dazu gehört das Kreuz. Es täglich auf sich zu nehmen ist der Weg der Nachfolge. Aber auf den Auftrag Jesu: »Lehrt sie alles halten, was ich euch geboten habe« folgt das unverbrüchliche Wort der Verheißung: »Seid gewiss: Ich bin bei euch alle Tage bis zum Ende der Welt« (Mt 28, 20).

VIII. »Wo zwei oder drei in meinem Namen versammelt sind«

—◦◦◦—

Der Heilige Geist als innerer Lehrer

In seinen Abschiedsreden, die er in der Nacht vor seinem Leiden im Abendmahlsaal gehalten hat, sagt Jesus: »Der Beistand *(parakletos)* aber, der Heilige Geist, den der Vater in meinem Namen senden wird, der wird euch alles lehren und an alles erinnern, was ich euch gesagt habe« (Joh 14, 26). Jesus hat den Heiligen Geist, den *parakletos,* versprochen und geschenkt. Und er hört nicht auf, ihn uns zu schenken. Man kann *parakletos* übersetzen mit Anwalt, Fürsprecher, Advokat, aber auch Tröster. Jesus hat den Aposteln aufgetragen, sie sollen alle Völker zu Jüngern, zu Schülern machen, sie taufen und sie lehren, alles zu befolgen, »was ich euch geboten habe« (Mt 28, 20).

Genau das macht der Heilige Geist – die Apostel und der Heilige Geist; wir und der Heilige Geist. Alles wird der Heilige Geist lehren. An alles wird er erinnern. Sie können dann *alles* lehren, was Jesus ihnen aufgetragen hat, wenn der Heilige Geist sie alles gelehrt hat. Denn wie sollen wir alles lehren, was Jesus uns aufgetragen hat, wenn wir nicht alles kennen? Ist es nicht eigenartig, dass uns *alles* in der Bibel so offen begegnet, schon auf der ersten Seite? Es wäre lohnend, hier die ganze Bibel auf das Wort »alles« durchzusehen. »Und Gott sah *alles* an, was er gemacht hatte, und es war sehr gut«, heißt es am

Schluss des Schöpfungsberichtes (Gen 1,31). Und ganz am Schluss der Bibel im Buch der Offenbarung des Johannes heißt es wieder: »Siehe, ich mache *alles* neu« (Offb 21,5).

Der Geist als Beistand

Wissen wir wirklich »alles«? Hat Jesus uns alles mitgeteilt, aber nicht alles ist bei uns angekommen? Haben wir vielleicht nicht alles verstanden, was Jesus uns aufgetragen hat? Aber man kann nur lehren, was man kennt, und vor allem, was man versteht. Haben wir alles verstanden? Wenn der Lehrer nicht versteht, was er lehrt, soll er dann wirklich lehren? Aber wer von uns kennt schon alles? Geschweige denn versteht schon alles? Ist nicht das, was Paulus sagt, viel eher unsere Wirklichkeit: »Stückwerk ist unser Erkennen ... Jetzt schauen wir in einen Spiegel und sehen nur rätselhafte Umrisse, dann aber schauen wir von Angesicht zu Angesicht. Jetzt erkenne ich unvollkommen, dann aber werde ich durch und durch erkennen, so wie ich auch durch und durch erkannt bin« (1 Kor 13,9.12)? Er unterscheidet zwischen jetzt und dann: »Jetzt gehen wir im Glauben, dann in der Schau«, jetzt ist unser Verstehen Stückwerk, dann werden wir ihn sehen, wie er ist, und werden alles verstehen.

Papst Benedikt XVI. hat das eindrucksvoll gesagt bei dem Treffen der Religionen in Assisi, zu dem er auch einige Agnostiker eingeladen hat. Er hat davon gesprochen, dass wir doch alle Pilger auf dem Weg zur Wahrheit seien. Wie sollen wir als Pilger, die unterwegs sind, »alles lehren, was Jesus uns aufgetragen hat«? Die Spannung ist schmerzlich. Wir glauben einerseits, dass uns die ganze Wahrheit anvertraut ist, nicht nur kleine Stücke. Es gibt keine Geheimoffenbarung für einige wenige, die dann ein bisschen mehr wissen, während die anderen weniger wissen. Jesus sagt: »Ich habe euch alles offenbart, was ich vom Vater bekommen habe.« Alles ist uns anvertraut. Paulus sagt im Römerbrief: »Wie sollte er, der uns seinen eigenen Sohn geschenkt hat, uns mit ihm nicht alles schenken?« (Röm 8,32). Also haben wir alles bekommen, aber besitzen wir es schon? Hat es uns so erfasst, dass wir ganz davon ergriffen und erfasst sind? Hat Jesus uns nicht selbst darauf hingewiesen, dass vor uns noch ein Weg liegt? Wir haben zwar alles erhalten, aber wir verstehen nicht alles. Er sagt ausdrücklich in den Abschiedsreden: »Noch vieles habe ich euch zu sagen, aber ihr könnt es jetzt nicht fassen« (Joh 12,16–17). Dann sagt er weiter: »Wenn aber jener kommt, der Geist der Wahrheit, wird er euch in die ganze Wahrheit führen«, wörtlich: »in alle Wahrheit auf den Weg führen«. Er wird euch, so kann man wörtlich übersetzen, das »Weggeleit in alle Wahrheit geben«. Also sagt Jesus selbst, dass die Wahrheit zwar gegeben ist, wir sie aber noch nicht voll erfassen können. Wir können sie noch nicht zur Gänze tragen, wir müssen noch hineingeführt werden. Dazu hat er den Heiligen Geist gesandt.

Die Wahrheit ist nicht eine Theorie, sondern eine Person. Zum Apostel Thomas hat Jesus gesagt: »Ich bin der Weg, die Wahrheit und das Leben« (Joh 14,6). Aber wir brauchen ein Weggeleit, wir brauchen jemand, der uns bei der Hand nimmt und hinführt. Denn wir sind Pilger, Suchende, wir sind unterwegs. Wir gehen den Weg des

Glaubens. Das Konzil erinnert uns daran, dass selbst Maria, die Mutter Gottes, den Weg des Glaubens gegangen ist. Und Papst Johannes Paul II. fügt hinzu: »... und sie ist durch die Nacht des Glaubens gegangen.« Wir verstehen nur stückweise, aber wir sind auf diesem Weg nicht allein gelassen. »Ich werde euch nicht als Waisen zurücklassen«, sagt Jesus, »ich komme wieder zu euch« (Joh 14, 18). Das sagt er nicht erst von der letzten Wiederkunft, wenn er in der Herrlichkeit des Himmels mit seinen Engeln wiederkommt beim Jüngsten Gericht am Ende der Zeiten, auch nicht erst am Ende unseres Lebens, wenn wir ihm im persönlichen Gericht als unserem Richter und Retter begegnen. Ich komme zu euch jetzt schon. Jetzt schon löst er seine Verheißung ein: »Ich bin bei euch alle Tage ...« (Mt 28, 20). Es heißt nicht: Ich werde bei euch sein, sondern: Ich bin bei euch!

Aber wie geschieht das? Wie erfahren wir das? Wie sieht das Wirken des Heiligen Geistes aus? Wie lehrt uns der Heilige Geist alles, wie Jesus verheißen hat? Der heilige Augustinus hat das in der Lehre vom *magister interior*, vom »inneren Lehrer« entwickelt. Der Heilige Geist ist der, der uns nicht wie die menschlichen Lehrer von außen lehrt, sondern von innen. Rufen wir dazu die eigene Erfahrung wach. Wie erfahren wir das Lehren des Heiligen Geistes? In den Abschiedsreden Jesu im Abendmahlsaal nennt Jesus drei besondere Wirkweisen des Heiligen Geistes. Diese drei Worte Jesu geben gewissermaßen das Programm für das Wirken des Heiligen Geistes an.

1. »Er wird euch an alles erinnern, was ich euch gesagt habe« (Joh 14, 26). Der Heilige Geist erinnert uns.

2. »Wenn aber der Beistand kommt, den ich euch vom Vater aus senden werde, der Geist der Wahrheit, der vom

Vater ausgeht, dann wird er Zeugnis für mich ablegen, und auch ihr werdet Zeugnis ablegen, weil ihr von Anfang an bei mir seid« (Joh 15, 26). Der Heilige Geist gibt Zeugnis, so wie auch wir Zeugnis geben sollen, dürfen, können. Der Heilige Geist macht uns Jesus bewusst, bringt ihn uns nahe. Dahinter steht das griechische Wort »Martyrium«, *martyresei*, er wird Zeuge sein für Jesus.

3. »Wenn der Paraklet, der Beistand, kommt, wird er die Welt überführen und aufdecken, was Sünde, Gerechtigkeit und Gericht ist« (Joh 16, 8). Der Heilige Geist überführt die Sünde.

Drei Tätigkeiten des Heiligen Geistes hat der Herr in seinem Testament in den Abschiedsreden in der Nacht vor seinem Leiden den Jüngern übergeben: das Erinnern, das Bezeugen und das Überführen.

Erinnerung an die Taten Gottes

Im Katechismus heißt es: »Der Heilige Geist ist das lebendige Gedächtnis der Kirche« (KKK 1099). Wenn wir manchmal den Eindruck haben, die Kirche ist zerstreut, wir sind oder ich bin zerstreut, dürfen wir darauf vertrauen, dass der Heilige Geist uns erinnert. Die ganze Bibel ist voll von dem Thema des Erinnerns. Die jüdische Tradition bis heute ist vor allem eine Tradition des Gedenkens, des Erinnerns: »Vergesst die Taten Gottes nicht!« Es ist wie ein Refrain durch die ganze Bibel: Erinnere dich, Israel! Vergiss nicht! Der Heilige Geist ist gewissermaßen der, der uns anstößt, damit wir nicht vergesslich werden, sondern uns erinnern.

Das geschieht etwa in der Anamnese der Messe, wenn nach den Wandlungsworten an die Taten Gottes erinnert wird. Dazu heißt es im Katechismus: »Die Liturgiefeier bezieht sich stets auf heilbringende Eingriffe Gottes in die Geschichte« (KKK 1103). Die Schöpfung, die Erwählung des Volkes Gottes mit Abraham, der Auszug aus Ägypten, der Tempel, das Exil sind Taten Gottes. »Das Offenbarungsgeschehen ereignet sich in Taten und Worten, die innerlich miteinander verknüpft sind, sodass die Worte die Werke verkündigen und das in ihnen enthaltene Geheimnis ans Licht treten lassen«, so heißt es in einem Text des Konzils (Dei Verbum 2). Worte und Taten sind in der Bibel immer miteinander verknüpft und erhellen sich gegenseitig. Im Wortgottesdienst erinnert der Heilige Geist die Gemeinde an all das, was Christus für uns getan hat, am feierlichsten in der Osternacht mit den neun Lesungen, wo die ganze große Geschichte des Volkes Gottes durchgegangen wird, von der Schöpfung bis hin zum Ostergeheimnis. Entsprechend der Natur der liturgischen Handlungen und den überlieferten Riten der Kirchen gedenkt eine Liturgiefeier in einer mehr oder weniger ausführlichen Anamnese der Großtaten Gottes. Der Heilige Geist, der so das Gedenken der Kirche weckt, regt zu Danksagung und Lobpreisungen an. Aus der Erinnerung folgt die Doxologie, der Lobgesang Gottes.

Die Eucharistie ist ein großes Erinnern, Gedenken. Wir gedenken in jeder Messe des Todes und der Auferstehung Jesu Christi. Aber was ist das für ein Gedenken, für ein Erinnern? »Im Sinne der Heiligen Schrift ist das *Gedächtnis* nicht nur ein Sich-Erinnern an Ereignisse der Vergangenheit, sondern die Verkündigung der großen Taten, die Gott für die Menschen getan hat. In der liturgischen Feier der Ereignisse werden sie gegenwärtig. Auf diese Weise versteht das Volk Israel seine Befreiung aus Ägypten. Jedes Mal, wenn das Pascha gefeiert wird, werden die Ereignisse des Auszugs dem Gedächtnis der Gläubigen wieder gegenwärtig gemacht, damit diese ihr Leben den Ereignissen entsprechend gestalten« (KKK 1363). Jeder der am Pessachmahl, am Seder, teilnimmt, so heißt es in der jüdischen Tradition, betrachte sich als einer, der jetzt aus Ägypten auszieht. Wir sind zeitgleich mit dem Ereignis, das wir erinnern und das dadurch gegenwärtig wird. Wir sind zeitgleich mit den Aposteln im Abendmahlsaal, wenn der Priester die Worte spricht, die Jesus im Abendmahlsaal gesprochen hat. Wir erinnern uns, gleichzeitig sind sie Gegenwart. Zu Weihnachten singen wir ganz selbstverständlich *»Heute* ist uns der Heiland geboren«, auch wenn es vor zweitausend Jahren war. Es ist jetzt! Im Erinnern ist es Gegenwart, genauso das Osterereignis: Heute ist Christus auferstanden! Im Gedenken, im Erinnern vergegenwärtigt der Heilige Geist das, was einmal in jener Zeit, aber ein für allemal geschehen ist. Es wird Gegenwart, wenn wir uns daran erinnern. Das wird nirgendwo so deutlich wie in der Eucharistie. »Im Neuen Bund erhält das Gedächtnis einen neuen Sinn. Wenn die Kirche Eucharistie feiert, gedenkt sie des Pascha Christi. Dieses Opfer, das Christus am Kreuz ein für allemal dargebracht hat, bleibt stets gegenwärtig und wirksam: Sooft das Kreuzesopfer, in dem Christus, unser Osterlamm, geopfert wurde, auf dem Altar gefeiert wird, vollzieht sich das Werk unserer Erlösung« (KKK 1364). Heute geschieht das, wenn wir im Gedenken feiern. Der Heilige Geist erinnert und macht dadurch gegenwärtig. Das gilt von allen Sakramenten: Wenn wir die Taufe spenden, ist Christus der Taufende, wenn wir die Absolution in der Beichte geben, ist Christus der, der die Absolution gibt, jetzt gegenwärtig. Aber immer erinnern wir uns an das, was Christus gestiftet, was er einmal getan hat. Der Heilige Geist bewirkt, dass Christus jetzt handelt. Was für die Liturgie gilt, gilt auch für unser eigenes Leben. Der Heilige Geist hilft uns zu erinnern, was der Herr in unserem Leben wirkt.

Ich möchte das an verschiedenen Dimensionen deutlich machen. Eine ist die Erfahrung der Heiligen Schrift, dass Christus uns durch sein Wort, durch das Wort des Evangeliums oft ganz persönlich anspricht. Ich habe so oft die Erfahrung gemacht, dass ein Evangelium, eine Stelle des Alten Testaments oder der neutestamentlichen Briefe ganz plötzlich eine neue Dimension erschließt. Da wird mir etwas gesagt, was ich bisher gar nicht bemerkt habe. Immer ist es eine Verlebendigung der Gegenwart des Herrn. Die Freude, aber auch die Betroffenheit über ein solches Erinnern, das der Heilige Geist auslöst, ist etwas ganz Besonderes. Es ist, als würde der Heilige Geist die Worte Jesu für mich jetzt ganz persönlich sprechen.

Ich war einmal im Sommer auf Aushilfe in einer kleinen Pfarre in der Schweiz in den Bergen. Eines Morgens verlese ich bei der Messe das Tagesevangelium von der »wunderbaren Brotvermehrung«, das ich schon oft gelesen hatte. Jesus hatte den ganzen Tag eine riesige Menschenmenge betreut, viele Kranke geheilt, sie lange gelehrt und dann, als es Abend wurde, kamen seine Jünger zu ihm und sagten: »Der Ort ist abgelegen, es ist schon spät geworden, schick doch die Menschen weg, damit sie in die Dörfer gehen und sich etwas zu essen kaufen« (Mt 14, 15). Plötzlich hat mich dieses Wort »Schick doch die Menschen weg« ganz persönlich betroffen. Ich war richtig erschrocken. Seit diesem Erlebnis, es ist immerhin dreißig Jahre her, kann ich dieses Evangelium nicht hören, ohne erschüttert zu sein. Plötzlich stand vor mir die ganze Schwere dieses Wortes, das Erschütternde des menschlichen Unverständnisses für Jesus. Es ist völlig verständlich, dass die Jünger am Abend müde waren und endlich die Leute weghaben, endlich selbst zum Essen kommen wollten und deshalb sagten: Schick jetzt endlich die Leute weg, damit wir ein bisschen Ruhe haben. Aber dieses Wort hat mich getroffen: »Schick die Menschen weg.«

Ein anderes Beispiel: Als Jesus in der Synagoge einmal einen Mann mit einer verdorrten Hand sieht, stellt er ihn in die Mitte und fragt die Anwesenden: »Was ist am Sabbat erlaubt? Gutes zu tun oder Böses, ein Leben zu retten oder es zu vernichten? Sie aber schwiegen.« Markus sagt: »Und er sah sie der Reihe nach an, voll Zorn und Trauer über ihr verstocktes Herz.« Nachdem er den Mann geheilt hatte, »gingen die Pharisäer hinaus und fassten zusammen mit den Anhängern des Herodes den Beschluss, Jesus umzubringen« (Mk 3, 1–6). Was muss das für ein Schmerz für Jesus gewesen sein, diese Herzenshärte! Was muss er dabei empfunden haben! Ich denke, auch das ist Erinnern des Heiligen Geistes: Wenn uns manchmal geschenkt wird, etwas zu ahnen, was im menschlich-göttlichen Herzen Jesu vorgegangen ist. So beginne ich zu ahnen, was es heißen kann, das Leiden Jesu zu teilen, also den lebhaften Wunsch zu empfinden, von dem man oft bei Heiligen lesen kann, am Leiden Jesu teilzunehmen oder es zumindest nicht durch meine eigene Herzenshärte zu vergrößern. Es gilt gleich hinzuzufügen, dass dieser Schmerz Jesu, den viele Heilige so intensiv betrachtet haben, untrennbar verbunden ist mit einer unvergleichlichen Freude Jesu. Auch sie schenkt der Heilige Geist, auch sie gilt es zu ahnen. Was muss das für eine Freude gewesen sein, wenn Jesus von dem heidnischen Hauptmann sagt: »So einen Glauben habe ich in Israel nicht gefunden« (Lk 7, 9). Zu der heidnischen Frau aus der Gegend von Sidon und Tyros sagt er: »Frau, dein Glaube ist groß« (Mt 15, 28). Die Freude Jesu, wenn er solchen Menschen begegnet, zu ahnen, zu verkosten ist auch ein untrügliches Wirken des Heiligen Geistes. Jesus sagt: »Bleibt in meiner Liebe … Dies habe ich euch gesagt, damit meine Freude in euch ist und damit eure Freude vollkommen wird« (Joh 15, 9–11).

Paulus muss etwas von dieser Freude gespürt haben (wie er auch den Schmerz Jesu gekannt hat), wenn er unter den Früchten des Geistes (Gal 5, 22) nach der Liebe gleich die Freude nennt. Der Geist schenkt Freude. Ebenso muss es Petrus ergangen sein. Er muss etwas von diesem unverwechselbaren Geschmack der Freude des Heiligen Geistes gekannt haben, wenn er im ersten Petrusbrief sagt: »Ihn [Jesus Christus] habt ihr nicht gesehen, und dennoch liebt ihr ihn; ihr seht ihn auch jetzt nicht; aber ihr glaubt an ihn und jubelt in unaussprechlicher von Herrlichkeit erfüllter Freude, da ihr das Ziel eures Glaubens empfangen werdet, eure Rettung« (1 Petr 1, 8–9).

Am Leben Jesu Anteil zu bekommen, es gewissermaßen von innen her mitleben zu dürfen, seinen Schmerz, seine Freude, das ist das Wirken des Heiligen Geistes. Es ist nicht so ein Erinnern, wie wenn mein Smartphone plötzlich bimmelt und ich an einen Termin erinnert werde. Es ist ein ganz anderes Erinnern, ein Innewerden des Herrn. Diese Erfahrung ist oft bezeugt in der christlichen

Der Heilige Geist

Lebensgeschichte. »Ihr in mir und ich in euch« heißt es oft im Johannesevangelium. »Christus in mir«, »Christus in uns«, heißt es bei Paulus immer wieder. Oder ganz kurz: »In Christus«. Das schenkt das Erinnern des Heiligen Geistes: das Innewerden Christi.

Mir ist aufgefallen, dass Menschen, die sehr eng mit Christus verbunden sind, die »in Christus« leben, oft ein besonders gutes Gedächtnis haben. Das kann auch eine besondere Begabung sein. Ich denke an unseren Papst Benedikt XVI., den ich seit vierzig Jahren kenne. Es gibt wenige Menschen, die ein so fantastisches Gedächtnis haben, eine besondere Begabung. Aber da ist noch etwas anderes. Es hat damit zu tun, dass der Heilige Geist Menschen, die sich von ihm erfüllen lassen und dadurch mit dem Herrn verbunden leben, gewissermaßen aus sich herausführt, sodass sie nicht um sich selbst kreisen. Sie sind nicht in sich verhaftet, nehmen daher andere Menschen viel intensiver wahr und erinnern sich damit auch viel besser. Ich staune immer wieder, wie Menschen, die einen lebendigen Glauben, eine enge Verbundenheit mit dem Herrn haben, einfach wach sind für andere Menschen. Bei Paul M. Zulehner habe ich ein schönes Wort gefunden: »Wer in Gott eintaucht, taucht bei den Menschen auf.« Das ist eine Erfahrung, die der Heilige Geist schenkt, bis hin zu einfachen Dingen, dass man sich an Geburtstage und Trauertage, an Hochzeitstage und alles Mögliche erinnert, an Namen von Menschen und was sie bewegt, was sie erlitten und was sie für Sehnsüchte haben. Das alles ist auch ein Teil dieses wunderbaren Erinnerns des Heiligen Geistes.

Der Geist gibt Zeugnis für Christus

Der Heilige Geist gibt Zeugnis für Christus. Er macht uns zu seinen Zeugen. Damit wir Zeugen Christi sein können, braucht es das Zeugnis des Heiligen Geistes. Mich hat es schon früh fasziniert, Menschen kennenzulernen, die, vom Heiligen Geist innerlich gelehrt, Zeugen sind, nicht durch Studium, sondern durch dieses innere Wissen. »Er wird euch alles lehren«, sagt Jesus. Das meint nicht, dass der Heilige Geist uns alle Techniken lehrt, etwa den Computer zu benützen, auch nicht alles Lernbare, sondern das Wesentliche, alles, was zur Orientierung im Leben hinführt und hilfreich ist. Das alles lehrt der Heilige Geist. Er wirkt das innerlich durch seine sieben Gaben.

Ich könnte von vielen Menschen erzählen, bei denen ich ganz stark den Eindruck hatte, sie haben einen inneren Lehrer. Die wissen die Dinge nicht aus Büchern, sondern aus einem inneren Gespür. Von François Baetig habe ich erzählt, dem Leiter unserer Gebetsgruppe. Er war so ein Mensch. Einem anderen bin ich sehr früh begegnet, und er hat mich seither nicht losgelassen, zuerst seine Schriften, dann seine Lebensgeschichte und schließlich seine Witwe Franziska. Ich meine den seligen Franz Jägerstätter († 1943), den ich als junger Student mit 22 Jahren durch das Buch von Gordon Zahn »Er folgte seinem Gewissen« (Graz 1967) entdeckt habe. Er hat mich von Anfang an fasziniert durch die Klarheit seines Urteils, durch die durchdringende Geisteskraft dieses einfachen Bauern, der nur Volksschulbildung hatte. Er war sicher ein begabter, gescheiter Mann, der aber vor allem aus seiner Glaubensklarheit heraus die Gabe der Unterscheidung hatte,

Der Heilige Geist

wie sie viele Universitätsprofessoren in der Nazizeit nicht hatten.

Man kann nur staunen, mit welcher Sicherheit dieser einfache Mann die geistige und die politische Situation seiner Zeit erfasst, wie er Lüge von Wahrheit unterschieden hat, wie er selbst bei Priestern und bei seinem Bischof nicht das Verständnis gefunden hat, das er für seinen einsamen Weg erhofft hatte, den Kriegsdienst Hitler gegenüber zu verweigern. Aber er hat sich immer davon ferngehalten, die anderen zu verurteilen, die nicht seinen Weg gegangen sind. Er hat immer gesagt: »Ich habe die Gnade bekommen. Deshalb muss ich diesen Weg gehen.« Das Spannende an Jägerstätter ist für mich, dass durch das Zeugnis dieses vom Geist geleiteten Menschen auch das Unterscheiden der Zeichen der Zeit möglich geworden ist. Seit dem Konzil reden wir viel von den Zeichen der Zeit. Aber wie erkennt man sie? Nicht aus den Statistiken und nicht aus den Schlagzeilen der Zeitungen. Die Märtyrer, die Zeugen des Glaubens, zeigen, wo die Wunden, die wesentlichen Punkte einer Zeit sind. Franz Jägerstätter hat einsam, aber für unser ganzes Land gültig den Weg gezeigt, auch wenn nur wenige ihn so wie er gehen konnten. Vor allem hat Jägerstätter, und das ist die Kraft der Zeugen, unterschieden, wo in der nationalsozialistischen Ideologie letztlich das Teuflische am Werk war. Er hat klar und deutlich erkannt, was hier auf dem Spiel steht. Das ist die Aufgabe der Märtyrer: uns aufmerksam zu machen auf das, worauf es ankommt.

Er sagt: »Ich glaube, der Herrgott macht es uns jetzt ohnehin nicht so schwer, das Leben für unseren Glauben einzusetzen. Denn wenn man bedenkt, dass in diesen schweren Kriegszeiten schon Tausende von jungen Men-

schen aufgefordert wurden, ihr Leben für den National-
sozialismus einzusetzen, und viele mussten in diesem
Kampf ihr blutjunges Leben opfern. Warum sollte es dann
härter sein, das Leben für einen König einzusetzen, der
uns nicht bloß Pflichten auferlegt, sondern uns auch
Rechte gibt, dessen Endsieg uns gewiss ist und dessen
Reich, das wir dadurch erkämpfen, ewig bestehen wird?«
Nicht nur die angeblichen tausend Jahre Hitlers.

Der Heilige Geist deckt auf

Drittens und abschließend das vielleicht Schwierigste:
»Der Heilige Geist«, sagt Jesus, »wird die Welt überführen
und aufdecken, was Sünde, Gerechtigkeit und Gericht ist.
Sünde, dass sie nicht an mich glauben, Gerechtigkeit, dass
ich zum Vater gehe und ihr mich nicht mehr seht, Gericht, dass der Herrscher dieser Welt gerichtet ist«
(Joh 16, 8). Ist der Heilige Geist ein »Aufdecker« wie manche Journalisten oder professionelle Aufdecker? Ist das
nicht eine etwas seltsame Perspektive? Ist der Heilige
Geist als der, der uns alles lehren wird, ein unerbittlicher
Bloßsteller? Er ist der Geist der Wahrheit, aber ist die
Wahrheit ein Überführen und Aufdecken? Wo bleibt da
die Liebe? Ich erinnere mich an ein Mittagessen mit dem
seligen Papst Johannes Paul II. Ich war damals in den
1980er-Jahren ein junger Theologe, frisch in die Interna-
tionale Theologenkommission ernannt. Der Heilige Vater
hatte die Theologen zum Mittagessen eingeladen. Direkt
beim Papst saß Hans Urs von Balthasar († 1988), der große Schweizer Theologe. Ich hörte zu, wie sie darüber mit-

Der Heilige Geist

einander redeten, was das heißt: »Der Geist wird die Welt der Sünde überführen und sie aufdecken«. Was der Papst darüber meditiert hat, konnten wir kurz danach in seiner wunderbaren Enzyklika über den Heiligen Geist *(Dominum et vivificantem)* nachlesen. Der Papst betrachtet zuerst den Pfingsttag und zeigt, wie da der Heilige Geist »die Welt der Sünde überführt«:

Von diesem Erstzeugnis zu Pfingsten an ist das Handeln des Geistes der Wahrheit, der die Welt der Sünde der Zurückweisung Christi überführt, eng mit der Bezeugung des österlichen Geheimnisses verbunden: mit dem Geheimnis des Gekreuzigten und Auferstandenen. In dieser Verbindung offenbart dieses »der Sünde überführen« seine heilschaffende Dimension. Es ist ja ein »Überführen«, dessen Ziel nicht die bloße Anklage der Welt ist, noch weniger ihre Verdammung. Jesus Christus ist nicht in die Welt gekommen, um sie zu verurteilen und zu verdammen, sondern um sie zu retten (vgl. Joh 3,17; 12,47). Das wird bereits in dieser ersten Rede unterstrichen, wenn Petrus ausruft: »Mit Gewissheit erkenne also das ganze Haus Israel: Gott hat ihn zum Herrn und Messias gemacht, diesen Jesus, den ihr gekreuzigt habt« (Apg 2,36). Und als darauf die Anwesenden Petrus und die anderen Apostel fragen: »Was sollen wir tun, Brüder?« antwortet dieser: »Kehrt um, und jeder von euch lasse sich auf den Namen Jesu Christi taufen zur Vergebung seiner Sünden; dann werdet ihr die Gabe des Heiligen Geistes empfangen« (Apg 2,37–38). Auf diese Weise wird das »der Sünde überführen« zugleich ein Überzeugen von der Vergebung der Sünden in der Kraft des Heiligen Geistes. In seiner Rede zu Jerusalem ruft Petrus zur Umkehr auf, so wie Jesus seine Zuhörer am Beginn seiner messianischen Sendung aufgerufen hat (vgl. Mk 1,15). Umkehr erfordert, von der Sünde überzeugt zu werden; sie enthält ein inneres Gewissensurteil, und da dieses eine Prüfung durch das Handeln des Geistes der Wahrheit im Herzen des Menschen ist, wird es zugleich zum Beginn einer neuen Ausspendung von Gnade und Liebe: »Empfangt den Heiligen Geist« (Joh 20,22). Wir entdecken so in diesem »der Sünde überführen« eine doppelte Gabe: das Geschenk der Wahrheit des Gewissens und das Geschenk der Gewissheit der Erlösung. Der Geist der Wahrheit ist auch der Beistand.

Johannes Paul II.[84]

In der Predigt des Petrus konfrontiert Petrus seine Zuhörer mit der Wahrheit. »Ihn habt ihr durch die Hand von Gesetzlosen ans Kreuz geschlagen und umgebracht.« Petrus sagt ohne Umschweife die Wahrheit: »Ihr habt ihn umgebracht.« Die Apostelgeschichte sagt: »Als sie das hörten, traf es sie mitten ins Herz und sie fragten: Brüder, was müssen wir tun um gerettet zu werden?« (vgl. Apg 2,37). Der Heilige Vater Johannes Paul II. zeigt in seiner Enzyklika, wie der Heilige Geist am Werk ist. Er schenkt zuerst Einsicht in die eigene Schuld und Reue. Nur durch den Heiligen Geist können wir Reue bekommen. Deshalb ist das Aufdecken durch den Heiligen Geist etwas ganz anderes als das, was in unserer Welt geschieht. Es ist nicht ein Aufdecken, um bloßzustellen, sondern um Umkehr zu schenken, Freude und Freiheit. Das kann nur der Heilige Geist, und er tut es, indem er unser Gewissen aufweckt. Das Gewissen, das uns daran erinnert, was böse und was gut ist, wird zum Ort der Umkehr. Der Heilige

Geist klagt nicht an, er überführt nicht nur, sondern er schenkt auch Trost und Vergebung, die Gewissheit der Barmherzigkeit. Nicht umsonst spricht Jesus von der großen, intensiven Freude über die Umkehr: »Mehr Freude ist im Himmel über einen Sünder, der umkehrt, als über neunundneunzig, die der Umkehr nicht bedürfen.« Das ist der Unterschied: Die Welt überführt, indem sie anklagt. So wie der Teufel es tut nach der Offenbarung des Johannes. »Tag und Nacht klagt er an« (Offb 12, 10). Der Heilige Geist überführt von der Sünde in die Freude der Vergebung. Er stellt unsere Sünden in das Licht der Wahrheit, um die Wahrheit der Barmherzigkeit und der Vergebung zu zeigen. Noch sind wir auf dem Weg, noch ist unser Pilgerweg nicht zu Ende. Noch sind wir nicht in alle Wahrheit eingeführt, noch ist nicht alle Sünde offengelegt, noch ist nicht alle Gerechtigkeit verwirklicht. Aber dort, wo die Bekehrung schon begonnen hat, dort leuchtet die Freude des Heiligen Geistes auf.

IX. »Ich bin bei euch alle Tage bis zum Ende der Welt«

—⟡—

Unterwegs zum letzten Ziel

Petrus sagt einmal zu Jesus: »Du weißt, wir haben alles verlassen und sind dir nachgefolgt. Was werden wir dafür bekommen?« Was wird unser Lohn sein? Jesus erwidert ihm: »Amen, ich sage euch: Wenn die Welt neu geschaffen wird und der Menschensohn sich auf den Thron der Herrlichkeit setzt, dann werdet ihr, die ihr mir nachgefolgt seid, auf zwölf Thronen sitzen und die zwölf Stämme Israels richten. Und jeder, der um meines Namens willen Häuser oder Brüder, Schwestern, Vater, Mutter, Kinder oder Äcker verlassen hat, wird dafür das Hundertfache erhalten und das ewige Leben gewinnen« (Mt 19, 27–29). Es geht um den Lohn der Nachfolge. Ganz nüchtern die Frage: Lohnt sich Nachfolge? Lohnt es sich, bei Jesus in die Lebensschule zu gehen? So schockierend die Frage aufs Erste klingen mag, Jesus hat sie nicht abgelehnt. Jesus lässt alle unsere Fragen zu, auch wenn wir selbst manchmal Angst haben, Fragen zuzulassen.

Was bringt es, Jesus nachzufolgen? Die Nachfolge fordert viel, und so ist es durchaus verständlich, dass Petrus einmal, für alle anderen Zwölf, gefragt hat: »Lohnt es sich auf so viel zu verzichten, um dir nachzufolgen?« Denn auf vieles muss man verzichten, wenn man Jesus nachfolgt. Manche finden, es sei unedel, die Frage nach dem Lohn zu stellen. Es sei doch viel besser, selbstlos und interesselos einfach das Gute zu tun, ohne zu fragen: Was habe ich davon? Was bringt es mir? Es sei doch viel besser, das Gute um des Guten willen zu tun und nicht nach dem Lohn zu fragen. Jesus sieht das nicht so. In seinen Reden, in seiner Verkündigung ist sehr oft vom Lohn die Rede. Vielleicht kommt das einfach aus seinem Berufsleben. Er hat gewusst, der Arbeiter verdient seinen Lohn. So sagt er selbst einmal: »Wer arbeitet, hat ein Recht auf seinen Lohn« (Lk 10,7). Er weiß das aus seinem Zimmerei- betrieb. Also ist es gar nicht so unerlaubt zu fragen: Was ist der Lohn der Nachfolge?

Der ewige Lohn

Jesus gibt eine doppelte Antwort: »Jeder, der mir nach- folgt und der auf vieles verzichtet um des Reiches Gottes willen, bekommt das Hundertfache zurück schon in die- sem Leben und in der kommenden Welt das ewige Le- ben« (Lk 18, 29–30). Das ewige Leben – der ewige Lohn.

Auch wenn Jesus klarmacht, dass Jüngerschaft, Leben in der Nachfolge schon in diesem Leben viele Früchte trägt, so ist doch klar: Der volle Lohn wird erst das ewige Leben sein. Nachfolge bedeutet also viel Verzicht, aber auch viel Lohn. So heißt es klar in der letzten, der achten Seligpreisung: »Selig seid ihr, wenn ihr um meinetwillen beschimpft und verfolgt und auf alle mögliche Weise ver- leumdet werdet. Freut euch und jubelt, denn euer Lohn wird groß sein« (Mt 5, 11).

Großer Lohn im Himmel ist immer wieder Jesu Ver- heißung. Hier setzt der alte marxistische Vorwurf an, den die Älteren unter uns noch gehört haben: Ihr vertröstet auf das Jenseits und verändert nicht das Diesseits. Statt diese Welt gerechter zu machen, vertröstet ihr auf jene Welt, in der es Gerechtigkeit geben wird. Im Jenseits werdet ihr glücklich sein. Hier ist man eben unglücklich. Karl Marx hat diese »Jenseitsvertröstung« der Religion als das »Opium des Volkes« bezeichnet. Damit betäubt man die Menschen, dass sie den Schmerz dieser Welt nicht so sehr spüren, dass sie das Unrecht ertragen und diese Welt nicht verändern.

Was heißt Jüngerschaft, Lebensschule Jesu in dieser Perspektive des ewigen Lebens? Ist der Lohn der Nachfolge nur ein jenseitiger? Um das vorweg klarzustellen: Der Lohn der Nachfolge Jesu besteht weder in einem Paradies auf Erden noch in einem Paradies im Himmel, sondern der Lohn besteht in jemandem, der diese Erfüllung ist. Jesus ist der Lohn. Er ist die Erfüllung, er ist »der Weg, die Wahrheit und das Leben« (Joh 14,6). Einer, der das ganz intensiv erlebt hat, war Paulus. Nachdem er Jesus begegnet war, hat er von sich gesagt: »Für mich ist Christus das Leben und Sterben Gewinn« (Phil 1,21). Paulus drückt eine Grunderfahrung aus, die wir immer wieder bei den großen Gestalten des christlichen Lebens finden:

Was soll ich wählen? Ich weiß es nicht. Es zieht mich nach beiden Seiten: Ich sehne mich danach, aufzubrechen und bei Christus zu sein – um wie viel besser wäre das! Aber um euretwegen ist es notwendiger, dass ich am Leben bleibe [wörtlich: dass ich im Fleisch bleibe]. Im Vertrauen darauf weiß ich, dass ich bleiben und bei euch ausharren werde, um euch im Glauben zu fördern und zu erfreuen.   *Philipper 1, 23–25*

Beides ist für Paulus gut: hier, in der Fremde, anderswo sagt er »im Exil«, zu sein oder zu Hause beim Herrn. Aber besser ist es, ganz beim Herrn zu sein. Doch das ist erst möglich, wenn wir ausziehen aus diesem Leben, aus dieser Welt, aus diesem Fleisch hinausgehen, um ganz beim Herrn zu sein. Im zweiten Korintherbrief bringt Paulus das dramatisch zum Ausdruck:

> Wir wissen: Wenn unser irdisches Zelt abgebrochen wird, dann haben wir eine Wohnung von Gott, ein nicht von Menschenhand errichtetes ewiges Haus im Himmel. Im gegenwärtigen Zustand seufzen wir und sehnen uns danach, mit dem himmlischen Haus überkleidet zu werden. So bekleidet, werden wir nicht nackt erscheinen. Solange wir nämlich in diesem Zelt wohnen, seufzen wir unter schwerem Druck, weil wir nicht entkleidet, sondern überkleidet werden möchten, damit so das Sterbliche vom Leben verschlungen werde. Gott aber, der uns gerade dazu fähig gemacht hat, er hat uns auch als ersten Anteil den Geist gegeben. Wir sind also immer zuversichtlich, auch wenn wir wissen, dass wir fern vom Herrn in der Fremde leben, solange wir in diesem Leib zu Hause sind; denn als Glaubende gehen wir unseren Weg, nicht als Schauende. Weil wir aber zuversichtlich sind, ziehen wir es vor, aus dem Leib auszuwandern und daheim beim Herrn zu sein. Deswegen suchen wir unsere Ehre darin, ihm zu gefallen, ob wir daheim oder in der Fremde sind.
>
> *2 Korinther 5, 1–10*

Wir haben keinen Begriff vom Himmel, wir können uns nur in Bildern annähern. Paulus versucht das hier. Das erste Bild, das Paulus gebraucht, ist das vom Zelt und

Der Lohn der Jüngerschaft

vom Haus. Dieses Leben findet in einem irdischen Haus statt, das eher ein Zelt ist. Paulus weiß, wovon er spricht, er war Zeltmacher. Wir »zelten« hier auf Erden, drüben wartet auf uns »ein ewiges Haus«, das »nicht von Menschenhand« gemacht ist. Das heißt, hier sind wir provisorisch untergebracht. Dort werden wir eine stabile Bleibe für uns vorfinden, die Gott uns bereitet hat, ein festes Haus. Jesus spricht von den vielen Wohnungen, die es im Haus seines Vaters gibt (vgl. Joh 14,2), wörtlich: *monai*, im Haus seines Vaters gibt es viele »Bleiben«. Hier haben wir keine ständige Bleibe, sondern nur ein Zelt. Dort haben wir eine ewige Bleibe. Das ist das erste Bildpaar: Zelt und Haus.

Dann gebraucht Paulus das Bild vom Kleid. Er versucht die Bleibe zu beschreiben, da gehen die Bilder ineinander über. Neben das Bild des nicht von Menschenhand errichteten Hauses tritt das Bild des Kleides. Paulus sagt, unser jetziger Zustand ist sozusagen ein »nackter Zustand«. Wir sind so, wie wir am Anfang in der Bibel beschrieben werden, als gefallene Menschen, »die erkannten, dass sie nackt waren« und sich schämten (Gen 3,7). Das ist die *conditio humana*, das menschliche Leben. Ijob, der schwergeprüfte Mann, sagt, als ihm alles genommen ist, alles zerstört, seine Familie tot und er krank: »Nackt kam ich aus meiner Mutter Schoß, nackt kehre ich dorthin zurück. Der Herr hat gegeben, der Herr hat genommen, der Name des Herrn sei gepriesen« (Ijob 1,21). Paulus spricht vom ewigen Leben nicht mehr als einem Entkleidetwerden, sondern von einem Überkleidetwerden, nicht wieder ein Nacktwerden wie bei der Geburt, sondern ein Überkleidetwerden. Das ewige Leben als ein Gewand, das unsere Nacktheit, unsere Unbehaustheit endgültig bergen und beheimaten wird.

Damit ist ein drittes Bildpaar angesprochen, die Polarität von Fremde und Heimat. »Wir leben fern vom Herrn in der Fremde«, so charakterisiert Paulus unser irdisches Leben. Das Leben im Leib, wörtlich: »das Einwohnen im Leib«, bedeutet wörtlich ein »Auswohnen«, ein Nicht-zu-Hause-Sein, nämlich entfernt vom Herrn sein, ein Nicht-im-Herrn-Wohnen. Deshalb würde Paulus lieber aus dem Leib ausziehen, wörtlich müsste man übersetzen: aus dem Leib »auswohnen«, um zum Herrn zu übersiedeln, beim Herrn daheim zu sein. Aber dann sagt er: Doch egal, ob daheim oder in der Fremde – wörtlich: ob einwohnend oder auswohnend –, immer geht es um den Herrn. Ihm zu gefallen, das ist sein Anliegen. Wir suchen, ob wir in der Fremde, *hier*, sind oder daheim, *dort*, wir suchen dem Herrn zu gefallen. Immer geht es um ihn, den Herrn.

Schließlich gebraucht Paulus ein viertes Bildpaar (wobei an dieser Stelle nur die eine Hälfte des Bildpaares zur Sprache kommt), das Bild von Leib und Seele, das die grundlegende Wirklichkeit des Menschen anspricht: Wir sind einer, der eine Mensch aus Leib und Seele. Paulus nennt hier die Seele nicht ausdrücklich wie an anderen Stellen, aber an sie ist gedacht, denn »das irdische Leben ist ein Leben im Leib«, sagt er, oder auch »im Fleisch«. Das Heimgehen zum Herrn ist ein Ausziehen aus dem Leib, gewissermaßen ein Exodus aus dem Leib.

Leib und Seele

Manche tun sich schwer mit der Unterscheidung von Leib und Seele. Die Bibel kenne nur den ganzen Menschen. Manche fürchten, dass die Unterscheidung von Leib und Seele nicht biblisch sei, sondern eher ein Erbe der Philosophie, vor allem der griechischen Philosophie, die die Unterscheidung von materiellem Leib und der geistigen Seele eingeführt habe.

Immer wieder wird die Befürchtung geäußert, dass die Unterscheidung von Leib und Seele die Einheit des Menschen auseinanderreißen könnte. Aber unterscheiden heißt ja nicht trennen. Das Konzil, die Pastoralkonstitution über die Kirche in der Welt von heute, sagt vom Menschen, er sei *corpore et anima unus,* »einer aus Leib und Seele« (Gaudium et Spes 14, 1). Was heißt das? Der Katechismus findet dazu sehr klare Worte: »Die nach dem Bild Gottes erschaffene menschliche Person ist ein zugleich körperliches und geistiges Wesen. Der biblische Bericht bringt das in einer sinnbildlichen Sprache zum Ausdruck, wenn er sagt: ›Da formte Gott, der Herr, den Menschen aus Erde vom Ackerboden und blies in seine Nase den Lebensatem. So wurde der Mensch zu einem lebendigen Wesen‹ (Gen 2, 7)« (KKK 362). Der ganze Mensch ist von Gott gewollt, aber einer aus Leib und Seele. Wenn nun die Bibel von Seele spricht, meint sie sehr oft einfach den ganzen Menschen, das Leben des Menschen. Darum wird oft in der Bibelübersetzung das Wort »Seele«, im Griechischen *psyche,* mit »Leben« übersetzt, und das stimmt in vielen Fällen. Aber das Wort »Seele« bezeichnet auch das Innerste des Menschen. »Was nützt es dem Menschen, wenn er die ganze Welt besitzt, aber an seiner Seele Schaden leidet?« (Mt 16, 26), wie man hier richtig übersetzen muss: Seele, nicht Leben. Die Seele kann Schaden leiden, und das ist schlimmer, als wenn der Leib Schaden leidet. Denn das Wort Seele bezeichnet das Wertvollste am Menschen. Wir sehen das bei den Märtyrern, die lieber ihr leibliches Leben verlieren, als ihre Seele preiszugeben. Die Seele bezeichnet daher das »geistige Lebensprinzip im Menschen« (KKK 363).

Der Leib hat an der Würde des Seins nach dem Bild Gottes teil, er ist ebendeswegen menschlicher Leib, weil er durch die geistige Seele beseelt wird. Wir haben in unserem Leib vieles mit der Tierwelt gemeinsam, wir sind Lebewesen, haben eine tiefe Verwandtschaft mit der ganzen pflanzlichen und tierischen Welt. Das ist alles in uns, aber wir sind immer bis ins Innerste unseres Leibes mit einer geistigen Seele beseelt. Deshalb ist die menschliche Person als ganze dazu bestimmt, im Leib Christi zum Tempel des Heiligen Geistes zu werden. »Wisst ihr nicht, dass euer Leib Tempel des Heiligen Geistes ist?« (1 Kor 6, 3).

Dann betont der Katechismus die tiefe Einheit von Leib und Seele. Sie ist so tief, dass man die Seele als die Form des Leibes zu betrachten hat. Die Geist-Seele bewirkt also, dass der aus Materie gebildete Leib ein lebendiger menschlicher Leib ist. Im Menschen sind Geist und Materie nicht zwei vereinte Naturen, sondern ihre Einheit bildet eine einzige Natur. Vielleicht merkt man am deutlichsten in der psychosomatischen Medizin, wie sehr Seelisches und Leibliches ineinander greifen, wie sehr seelisches Leid sich bis in den Leib hinein ausdrückt und umgekehrt. Wie Wilhelm Busch über Balduin Bählamm, den unglücklichen Dichter, sagt: »... und in der Höhle des Backenzahnes weilt die Seele.« Weil er so furchtbares Zahnweh hat, ist alles in ihm nur mehr Zahnweh. Das ist die Erfahrung der psychosomatischen Einheit.

Schon im Alten Testament kennt die Bibel Leib und Seele. In einem Wort Jesu kommt das klar und entschieden zu Ausdruck. »Fürchtet euch nicht vor denen, die den Leib töten, die Seele aber nicht töten können. Fürchtet euch vor dem, der Leib und Seele ins Verderben der Hölle stürzen kann« (Mt 10, 26). Im Judentum ist die Unterscheidung von Leib und Seele vor allem in den Gebetstexten genauso zu finden wie im Christentum. Wenn also Paulus sagt: »Auswandern aus dem Leib«, meint er damit auch das leibliche Sterben, den Tod.

Es bedeutet nicht eine Verachtung des Leibes, wenn Jesus uns ermahnt, wir sollten den nicht fürchten, der den Leib töten kann, sondern einen Hinweis darauf, dass es etwas Kostbareres gibt als das Überleben des Leibes. Viktor Frankl hat das eindrucksvoll in seiner Erfahrung aus dem KZ gesagt: »Die, die nur darauf geschaut haben, leiblich zu überleben, sind als erste untergegangen. Die, die ihre Seele nicht verkauft haben, haben oft auch leiblich überlebt.« Die Unterscheidung von Leib und Seele gehört zweifellos zu den wesentlichen Bestandteilen der christlichen Anthropologie, der christlichen und biblischen Lehre vom Menschen. Wir haben gelernt, dass der Tod die Trennung von Leib und Seele ist und dass die Auferstehung die Wiedervereinigung in der verherrlichten Natur von Leib und Seele ist (vgl. KKK 362–367). Der Verlust dieser klaren Unterscheidung führt auch zu mancher Hilflosigkeit, ich beobachte das vor allem im ganzen Umfeld des Sterbens.

Die Sterberiten

Was Paulus so selbstverständlich anspricht »Ausziehen aus dem Leib, Heimgehen zum Herrn«, war Jahrhunderte lang christliche Selbstverständlichkeit, wenn man den Tod als »Heimgang« bezeichnet hat. Ich habe den Eindruck, dass der Verlust der Sterberiten in der Kirche dazu geführt hat, dass wir heute sprachlos und sehr hilflos vor dem Sterben sind. Wir haben keine Ausdrucksformen, keine Sprache, keine Riten dafür. Was Paulus als »Heimkehr aus dem Exil« beschreibt, das Auswandern aus dem Leib und das Einwandern in die Heimat beim Herrn, das wird in den großen Texten der christlichen Sterbeliturgie wunderbar entfaltet. Mein Lieblingsgebet ist dabei die sogenannte *commendatio animae,* die Empfehlung der Seele bei ihrem Heimgang. Früher konnten viele Menschen dieses Gebet auswendig. Meine Urgroßmutter hat immer gefragt: Kannst du die Sterbegebete? Sie wollte sicher sein, dass jemand, wenn sie stirbt, dabei ist, der die Sterbegebete auswendig kann. Ich fürchte, heute kann sie kaum jemand mehr auswendig, ich auch nicht. Ich greife einige Abschnitte aus diesem wunderbaren Gebet auf, das nach christlicher Tradition im Moment des Auszugs aus dem Leib und der Heimkehr der Seele gebetet wird, um deutlich zu machen, was aus den Erfahrungen des Apostels Paulus in der großen Tradition der Kirche geworden ist:

Brich auf, christliche Seele, von dieser Welt,
im Namen Gottes, des allmächtigen Vaters, der dich erschaffen hat,
im Namen Jesu Christi, des Sohnes des lebendigen Gottes, der für dich gelitten hat,
im Namen des Heiligen Geistes, der über dich ausgegossen ist;
heute noch sei dir in Frieden deine Stätte bereitet
und deine Wohnung bei Gott im heiligen Zion,

Der Lohn der Jüngerschaft

mit der heiligen Jungfrau und Gottesmutter Maria,

mit dem heiligen Josef und allen Engeln und Heiligen Gottes.

Du kehrst zurück zu deinem Schöpfer,

der dich aus dem Lehm der Erde gebildet hat.

Mögen dir, wenn du dieses Leben verlässt, die heilige Maria,

die Engel und alle Heiligen begegnen.

Mögest du deinen Erlöser schauen von Angesicht zu Angesicht

und dich der Erkenntnis Gottes erfreuen in Ewigkeit.

Amen.[85]

Der Sterbende wird aufgefordert *aufzubrechen*: Geh heim, es ist Zeit loszulassen! Was für ein tiefes Wissen um den Vorgang des Sterbens in diesem Gebet enthalten ist! Dann werden die Chöre der Engel genannt, die dem Sterbenden entgegenkommen, beim Heimgang in die Wohnung Gottes. Der Sterbende wird also aufgefordert, nicht zu säumen. Mach dich auf den Weg! Sterben ist ein Weg. Zögere nicht, säume nicht, geh im Namen Gottes und aller Heiligen, zieh aus aus dieser Welt! Es kommt darin das tiefe Wissen zum Ausdruck, dass der Heimgang ein Weg ist, auf dem man durch das Gebet begleitet werden muss. Deshalb hat man früher die Menschen nicht alleine sterben lassen und hat sie auch über den Moment des Todes hinaus mit dem Gebet begleitet, weil die Seele ja einen Weg zu gehen hat. Der Tod ist Aufbruch zu einer großen Reise.

De hoc saecolo migrare iussisti – »Du hast uns geheißen, aus dieser Welt auszuwandern«, heißt es in diesem alten Sterberitual. Dann kommen diese wunderbaren

Empfehlungen: »Ich empfehle dich, liebster Bruder, dem allmächtigen Gott, ihm, dessen Geschöpf du bist ... und wenn nun deine Seele aus dem Leib heraustritt, möge ihr die strahlende Schar der Engel entgegeneilen.« Ich habe ein Zeugnis von einem jungen Muslim, der mit 18 Jahren gestorben ist – die Krankenschwester, die ihn begleitet hat, hat mir das erzählt – und der sterbend drei Engel gesehen hat, die ihm gewunken haben. Seine Mutter, die ihn nicht loslassen wollte, hat er gebeten: »Seht, Engel kommen! Darf ich gehen?« Dann hat sie zugestimmt, dass er sterben darf. Das ist offensichtlich eine Erfahrung: Wenn deine Seele aus dem Leib heraustritt, mögen dir die strahlenden Scharen der Engel entgegeneilen. »Möge dich im Schoß der Patriarchen selige Ruhe umfangen, huldvoll möge die heilige Jungfrau und Gottesmutter Maria ihre Augen dir zuwenden: mild und festlich möge dir Christi Jesu Antlitz erscheinen ...«

Die *Commendatio animae* formuliert etwas, das allen Religionen bewusst war und das wir weitgehend vergessen haben: dass der Weg hinüber nicht ohne Gefahren ist. Da heißt es in diesem Sterbegebet:

Mögest du alles, was im Finstern schreckt, nicht beachten ...

es weiche von dir der abscheuliche Satan mit seinen Schildgenossen:

er möge erschauern, wenn du begleitet von den Engeln ankommst,

und ins schaurige Chaos der ewigen Nacht entweichen ...

So befreie dich vom ewigen Tod Christus, der für dich gestorben ist.

Möge dich Christus, der Sohn des lebendigen Gottes,

für immer auf den lieblich grünenden Fluren *(amoenia viventia)* seines Paradieses ruhen lassen ...

Mögest du deinen Erlöser von Angesicht zu Angesicht schauen ...

So hat es Fra Angelico († 1455) ins Bild umgesetzt[86], aus der Erfahrung dieses Gebets, das christliches Gemeingut war. Wie traurig, dass dieses Wissen uns verloren gegangen ist. Wie wichtig wäre das für eine *ars moriendi*, die Kunst des Sterbens. Das hat man früher gelernt, dazu gab es eigene Bücher. Wie bereitet man sich auf den Tod vor? Wie lernt man zu sterben, wie lernt man heimzugehen aus dieser Welt?

Leidenschaft für Gott

Jesus sagt: Der Lohn der Nachfolge ist das ewige Leben. Paulus zeigt, wie sehr die Sehnsucht nach Christus der eigentliche Inhalt der Hoffnung auf das ewige Leben ist, nicht irgendein Weiterleben, sondern die Begegnung, das Mitsein, das Innesein Christi. An Christus nimmt auch die Sehnsucht nach dem ewigen Leben ihr Maß. Nun sahen wir aber, dass genau diese Liebe zu Christus, also die gelebte Jüngerschaft, Paulus das richtige Verhältnis lehrt zwischen der Sehnsucht nach dem Heimkehren zu Christus und dem Hierbleiben in der Fremde, um Christus zu dienen in seinen Brüdern und Schwestern. Wenn wir uns also von Paulus zeigen lassen wollen, was das Ziel der Jüngerschaft ist, müssen wir einen Moment hinschauen, was es für ihn bedeutet hat, um der Liebe Christi willen hierzubleiben und die ganzen Mühen der Nachfolge auf sich zu nehmen.

Ich stelle mir den heiligen Paulus ziemlich klein, unglaublich lebendig und stark vor. Ich habe ihn persönlich neu als einen Bruder im Herrn erfahren und seine Briefe mit einer solchen Lebendigkeit erlebt, dass ich nur dankbar dafür sein kann. Ich denke an eine Stelle im zweiten Korintherbrief, wo Paulus von den Mühen seines Aposteldienstes spricht, auch über seine Leiden, über innerkirchliche Konflikte. Die hat es schon damals gegeben, und sie waren durchaus nicht geringer als die heutigen. Die unglaubliche Spannung zwischen den Jakobusleuten, von denen übrigens Jakobus selbst sagt: »denen wir keinerlei Auftrag erteilt haben«, die aber »jakobischer« sein wollten als Jakobus oder »päpstlicher« als der Papst. Das haben wir auch heute. Jakobus auf der einen Seite, Paulus und Barnabas auf der anderen. Was hat Paulus nicht alles erlitten und ertragen! Im zweiten Korintherbrief lässt er einmal seinem Herzen freien Lauf und sagt:

Womit jemand prahlt – ich rede jetzt als Narr –, damit kann auch ich prahlen. Sie sind Hebräer – ich auch. Sie sind Israeliten – ich auch. Sie sind Nachkommen Abrahams – ich auch. Sie sind Diener Christi – jetzt rede ich ganz unvernünftig –, ich noch mehr: Ich ertrug mehr Mühsal, war häufiger im Gefängnis, wurde mehr geschlagen, war oft in Todesgefahr. Fünfmal erhielt ich von Juden die neununddreißig Hiebe; dreimal wurde ich ausgepeitscht, einmal gesteinigt, dreimal erlitt ich Schiffbruch, eine Nacht und einen Tag trieb ich auf hoher See. Ich war oft auf Reisen, gefährdet durch Flüsse, gefährdet durch Räuber, gefährdet durch das eigene Volk, gefährdet durch

Heiden, gefährdet in der Stadt, gefährdet in der Wüste, gefährdet auf dem Meer, gefährdet durch falsche Brüder. Ich erduldete Mühsal und Plage, durchwachte viele Nächte, ertrug Hunger und Durst, häufiges Fasten, Kälte und Blöße. Um von allem andern zu schweigen, weise ich noch auf den täglichen Andrang zu mir und die Sorge für alle Gemeinden hin. Wer leidet unter seiner Schwachheit, ohne dass ich mit ihm leide? Wer kommt zu Fall, ohne dass ich von Sorge verzehrt werde? Wenn schon geprahlt sein muss, will ich mit meiner Schwachheit prahlen. Gott, der Vater Jesu, des Herrn, er, der gepriesen ist in Ewigkeit, weiß, dass ich nicht lüge.

2 Korinther 11, 21b–31

Was für eine Glut in den Worten des Paulus! Was hat ihn die Nachfolge alles gekostet. Das alles hat er getragen, weil die Liebe Christi ihn gedrängt hat. Wenn ich solche Stellen lese, muss ich sagen: Mein Gott, was sind meine Schwierigkeiten im Vergleich zu diesem unglaublichen Totaleinsatz des Apostels! Er gibt selbst die Antwort. Warum tut er sich das an? »Denn die Liebe Christi drängt uns, da wir erkannt haben: Einer ist für alle gestorben, also sind alle gestorben. Er ist aber für alle gestorben, damit die Lebenden nicht mehr für sich leben, sondern für den, der für sie starb und auferweckt wurde« (2 Kor 5, 14–15). Paulus fürchtet nicht den Tod. Sterben ist für ihn Gewinn, haben wir gehört, Heimkehr zu Christus. Aber er flüchtet auch nicht vor den Mühen seines Dienstes. Denn für ihn war das Leben Christus und Sterben Gewinn.

Licht und Schatten

»Was wird unser Lohn sein?« Das will Petrus wissen. Die Antwort Jesu umfasst beides: Gegenwart und Zukunft. Sie zeigt, dass hier ganz und gar nicht nur auf das Jenseits vertröstet wird. Ich zitiere die Stelle, die ich am Anfang aus Matthäus zitiert habe, jetzt aus Markus, eine etwas andere Fassung:

> Jeder, der um meinetwillen und um des Evangeliums willen Haus oder Brüder, Schwestern, Mutter, Vater, Kinder oder Äcker verlassen hat, wird das Hundertfache dafür empfangen: Jetzt in dieser Zeit wird er Häuser, Brüder, Schwestern, Mütter, Kinder und Äcker erhalten, wenn auch unter Verfolgungen, und in der kommenden Welt das ewige Leben.
>
> *Markus 10, 29–30*

Der Lohn der Nachfolge ist jetzt schon hundertfach, freilich nicht ohne Verfolgung. Hundertfach Brüder, Schwester, Mütter, Kinder usw. sogar Äcker und Häuser. Ich meine das jetzt nicht ironisch, wenn ich an die vielen Gebäude denke, die in der Erzdiözese Wien zu erhalten sind, sondern wirklich. In wie vielen Häusern sind wir zu Hause, weil wir in der ganzen Welt Brüder und Schwestern im Glauben haben. Gerade in einer Zeit, in der die Schwächen, Fehler und Sünden, die in der Kirche nie gefehlt haben, besonders ans Licht kommen und beleuchtet werden, ist es wichtig, nicht nur darauf fixiert zu sein. Im Vatikan gibt es auf allen Etagen ganz großartige Menschen, die in Stille und Geduld den Ortskirchen dienen, wirkliche Vorbilder. Es gibt auch Mittelmäßigkeit, die uns alle bedroht und die es bei uns genauso gibt, und auch wirklich schlimme Dinge, wie es sie immer wieder gibt, wo sündige Menschen am Werk sind. So ist es mit der Kirche insgesamt. Licht und Schatten, Sünde und Heiligkeit. Aber immer hat das Licht überwogen. Immer hat es ein echtes Gegengewicht der Heiligkeit gegeben. Ich weiß aus vielen persönlichen Begegnungen, es gibt wirkliche Heilige in der römischen Kurie. Sehr viele Menschen, die sich redlich bemühen, die unter den Fehlern auch schmerzlich leiden. Immer war das Leben der Kirche stärker als die Zerstörungen.

»Schau nicht auf unsere Sünden, sondern auf den Glauben deiner Kirche«, bitten wir den Herrn in jeder Eucharistie. Schauen auch wir auf den Glauben seiner Kirche, auf die Menschen, in denen der Glauben leuchtet, dann werden wir auch nicht skandalisiert sein über die Wunden und die Sünden in der Kirche, so traurig und schmerzlich diese sind.

Für Menschen unmöglich – für Gott möglich

Ich schließe diese Betrachtungen über die Lebensschule Jesu mit zwei scheinbar ganz widersprüchlichen Worten und Taten Jesu. Diese beiden Hinweise sollen helfen, unser eigenes Bemühen um die Jüngerschaft mit Wehmut zu betrachten, und gleichzeitig zu sehen, dass nur der Herr uns wirklich zu Jüngern machen kann.

Das erste Wort zeigt uns, wie schwer, ja menschlich unmöglich es ist, selbst das Ziel der Jüngerschaft voll zu erreichen. Einer fragt Jesus: »Herr, sind es nur wenige, die gerettet werden? Er sagte zu ihnen: Bemüht euch mit allen Kräften, durch die enge Tür zu gelangen, denn viele, sage ich euch, werden versuchen hineinzukommen, aber es wird ihnen nicht gelingen« (Lk 13,23–24). Wer erreicht das Ziel? Sagt Jesus dieses Wort von der engen Pforte nur »den anderen«, »denen da draußen«? Oder sagt er es zu uns? Ist es nur für die anderen so schwer, durch die enge Pforte zu kommen, ins Leben einzugehen, oder ist es auch und vielleicht erst recht für die Jünger schwer? Wer glaubt, das gelte nur den anderen, der höre auf ein anderes Wort Jesu. Als Jesus den reichen Jüngling traurig weggehen sah, wegen seines Reichtums nicht bereit, Jesus nachzufolgen, da sagt Jesus das ernste Wort vom Kamel und vom Nadelöhr: »Eher geht ein Kamel durch ein Nadelöhr, als dass ein Reicher in das Reich Gottes gelangt«. Darauf großes Erschrecken bei den Jüngern: »Wer kann dann noch gerettet werden?« Wenn Jüngerschaft so schwer ist, wer kann dann das Ziel je erreichen? Das Heil, den Himmel? Jesus sah sie an und sagte zu ihnen: »Für Menschen ist das unmöglich, für Gott aber ist alles möglich« (Mt 19,23–24).

Menschenunmöglich – wir sind gerufen auf den Weg zu einem Ziel, über den uns gesagt wird: Wir schaffen es unmöglich aus eigener Kraft. Jüngerschaft ist nicht aus eigener Kraft möglich. Das heißt doch: Jüngerschaft ist nur mit Jesus möglich und nur durch ihn und nicht als mein Lebensprogramm mit meinen Tugenden, mit dem Tugendkatalog, den ich mir vornehme. Erst recht nicht mit christlichen Werten, von denen heute immer die Rede ist. Nur aus einem »Mit-Christus-Leben«, einem »In-Christus-Sein« können wir Jünger sein. Nur er kann uns zu seinen Jüngern machen. Alles, was wir beitragen können, all unser Bemühen, durch die enge Pforte der Nachfolge zu kommen, ist bereits seine Gnade, die uns zieht.

Um das deutlich zu machen, sei der erste Jünger genannt, der das Ziel erreicht hat, dem der Herr als Erstem den Lohn der Nachfolge, das ewige Leben, geschenkt hat:

Einer der Verbrecher, die neben ihm hingen, verhöhnte ihn: Bist du denn nicht der Messias? Dann hilf dir selbst und auch uns! Der andere aber wies ihn zurecht und sagte: Nicht einmal du fürchtest Gott? Dich hat doch das gleiche Urteil getroffen. Uns geschieht recht, wir erhalten den Lohn für unsere Taten; dieser aber hat nichts Unrechtes getan. Dann sagte er: Jesus, denk an mich, wenn du in dein Reich kommst. Jesus antwortete ihm: Amen, ich sage dir: Heute noch wirst du mit mir im Paradies sein.

Lukas 23, 39–43

Der »rechte Schächer«, ein Verbrecher, der in den letzten Augenblicken seines Lebens ein Jünger Jesu wurde, ist der Erste, der den Lohn erhalten hat, nach dem Petrus gefragt und den Jesus versprochen hat: »das ewige Leben«. Ein seltsamer »Patron« für die Jüngerschule Jesu, aber ganz nach dem Herzen dessen, der gesagt hat: Im Himmelreich werde »mehr Freude sein über einen Sünder, der umkehrt, als über neunundneunzig Gerechte, die der Umkehr nicht bedürfen« (Lk 15, 7). So bitten wir diesen guten Patron, den heiligen Dismas, dass auch wir das Ziel der Jüngerschaft erreichen.

Anmerkungen

[1] Thérèse von Lisieux, Selbstbiographische Schriften, Einsiedeln [11]1988. 271.

[2] Adolf Schlatter, Das Evangelium nach Matthäus. Ausgelegt für Bibelleser, Stuttgart 1961, 260.

[3] Vgl. Peter Dyckhoff, Auf dem Weg in die Nachfolge Christi. Geistlich leben nach Thomas von Kempen, Freiburg im Breisgau 2004.

[4] Dag Hammerskjöld, Zeichen am Weg. Das spirituelle Tagebuch des UN-Generalsekretärs, Stuttgart 2011, zum Beispiel die Einträge am 7.4.1953 oder 29.7.1955 und andere Stellen mehr.

[5] Vgl. Gisbert Kranz, Von Aschoka bis Schuman. Zehn exemplarische Staatsmänner, Würzburg 1996.

[6] Gerhard Lohfink, Braucht Gott die Kirche? Zur Theologie des Volkes Gottes, Freiburg im Breisgau 1998, 9.

[7] Manès Sperber, Die Wasserträger Gottes. All das Vergangene ..., Wien 1974, 70.

[8] Gerhard Lohfink, Braucht Gott die Kirche? [Anm. 6], 10.

[9] Rainer Riesner, Jesus als Lehrer, Tübingen 1981, 417; vgl. Martin Hengel, Nachfolge und Charisma, Berlin 1968.

[10] Gerhard Lohfink, Wie hat Jesus Gemeinde gewollt? Freiburg im Breisgau 1993, 44; vgl. Friedrich Bechina, Die Kirche als »Familie Gottes«. Analecta Gregoriana 272, Rom 1998, 349.

[11] Gerhard Lohfink, Wie hat Jesus Gemeinde gewollt? [Anm. 10], 206.

[12] Gerhard Lohfink, Wie hat Jesus Gemeinde gewollt? [Anm. 10], 209.

[13] Gerhard Lohfink, Wie hat Jesus Gemeinde gewollt? [Anm. 10], 212.

[14] Vgl. Hans Urs von Balthasar, Kennt uns Jesus – kennen wir ihn?, Freiburg im Breisgau [3]1995.

[15] Vgl. Joseph Ratzinger/Benedikt XVI., Jesus von Nazareth. Bd. 1, Freiburg im Breisgau 2007, 77.

Deutsche Post ✖
ANTWORT

CHRIST IN DER GEGENWART

Verlag Herder

D-79080 Freiburg

JETZT
4 Wochen
gratis testen!

Karte bitte ausfüllen und abschicken.

• Mit der Post

• Per Fax an (0761) 2717-222

Bestelltelefon: (0761) 2717-200

E-Mail: kundenservice@herder.de

www.christ-in-der-gegenwart.de

4 Gratis-Ausgaben für Sie.

- **Ja,** senden Sie mir kostenlos die nächsten vier Ausgaben von CHRIST IN DER GEGENWART.
- Wenn ich nach den Probe-Ausgaben CHRIST IN DER GEGENWART nicht mehr lesen will, werde ich Ihnen dies innerhalb einer Woche nach Erhalt der dritten Ausgabe mitteilen.
- Möchte ich CHRIST IN DER GEGENWART weiterlesen, muss ich nichts weiter tun.
- CHRIST IN DER GEGENWART erscheint wöchentlich und kostet € 45,50 pro Halbjahr (für Studierende € 30,–) zzgl. Versand.
- Ich gehe kein Risiko ein. Ich kann den Bezug jederzeit ohne Kündigungsfrist beenden.

Absender:

_____
Vor- und Zuname

_____
Straße, Hausnummer

_____
PLZ, Ort

_____
Datum, Unterschrift

Preisstand 1.1.2013 · CG-S1301SOB

Ihre Inspiration. Woche für Woche.

Lesen Sie
CHRIST IN DER GEGENWART,
die Wochenzeitschrift

- Nachrichten und Berichte aus Kirche und Kultur, Glaube und Gesellschaft
- Kommentare und Analysen zu aktuellen Fragen und dem politischen Zeitgeschehen
- Anregungen zum inneren Leben
- moderne Spiritualität und religiöse Impulse
- Bibelauslegung, Meditation, Liturgie und Gebet

Inklusive des
monatlichen Sonderteils
BILDER DER GEGENWART

- mit großen Bildreportagen zu wichtigen Themen der Zeit
- mit Gedanken in Wort und Bild zu den religiösen Werken der modernen Kunst
- mit Stimmen und Porträts aus der globalisierten Welt

[16] Vgl. Gerhard Lohfink, Beten schenkt Heimat. Theologie und Praxis des christlichen Gebets, Freiburg im Breisgau 2010, 30.

[17] Vgl. Gerhard Lohfink, Beten schenkt Heimat [Anm. 16], 30–31.

[18] Joseph Ratzinger, Christologische Orientierungspunkte, in: Ders., Schauen auf den Durchbohrten, Einsiedeln 1984, 13–40.

[19] Joseph Ratzinger, Christologische Orientierungspunkte [Anm. 18], 16–17.

[20] Joseph Ratzinger, Christologische Orientierungspunkte [Anm. 18], 17.

[21] Joseph Ratzinger, Christologische Orientierungspunkte [Anm. 18], 18–19.

[22] Joseph Ratzinger, Christologische Orientierungspunkte [Anm. 18], 19.

[23] Joseph Ratzinger, Christologische Orientierungspunkte [Anm. 18], 21.

[24] Vgl. Gerhard Lohfink, Beten schenkt Heimat [Anm. 16], 25.

[25] Gerhard Lohfink, Beten schenkt Heimat [Anm. 16], 28.

[26] Augustinus, Ep. 21,3, Zit. Nach F. van der Meer, Augustinus der Seelsorger. Leben und Wirken eines Kirchenvaters, Köln 1958, 27.

[27] Es gibt eine deutsche Auswahl-Übersetzung dieser Predigten: Aurelius Augustinus, Die Bergpredigt, Ausgewählt und Übertragen von Susanne Greiner, Christliche Meister 54, Freiburg im Breisgau 2006.

[28] In: Aurelius Augustinus, Die Bergpredigt [Anm. 27], 12 Anm. 10.

[29] Des hl. Johannes Chrysostomos Homilien über das Evangelium des hl. Matthäus. Bd. I. Übersetzt von Max Herzog von Sachsen, Regensburg 1910, 214.

[30] Joseph Ratzinger/Benedikt XVI., Jesus von Nazareth I [Anm. 15], 95.

[31] Joseph Ratzinger/Benedikt XVI., Jesus von Nazareth I [Anm. 15], 98.

[32] Vgl. Joseph Ratzinger/Benedikt XVI., Jesus von Nazareth I [Anm. 15], 28.

[33] Joseph Ratzinger/Benedikt XVI., Jesus von Nazareth I [Anm. 15], 29.

[34] Joseph Ratzinger/Benedikt XVI., Jesus von Nazareth I [Anm. 15], 31.

[35] Jacob Neusner, Ein Rabbi spricht mit Jesus, 2. Auflage, Freiburg im Breisgau 2007; deutsche Ausgabe von: Jacob Neusner, A Rabbi Talks with Jesus. An Intermillennial Interfaith Exchange, New York, 1993.

[36] Jacob Neusner, Ein Rabbi spricht mit Jesus [Anm. 35], 7.

[37] Jacob Neusner, Ein Rabbi spricht mit Jesus [Anm. 35], 8.

[38] Jacob Neusner, Ein Rabbi spricht mit Jesus [Anm. 35], 112.

[39] Jacob Neusner, Ein Rabbi spricht mit Jesus [Anm. 35], 114.

[40] Joseph Ratzinger/Benedikt XVI., Jesus von Nazareth I [Anm. 15], 136–137.

[41] Vgl. Joseph Ratzinger/Benedikt XVI., Jesus von Nazareth I [Anm. 15], 100–130.

[42] Joseph Ratzinger/Benedikt XVI., Jesus von Nazareth I [Anm. 15], 101.

[43] Joseph Ratzinger/Benedikt XVI., Jesus von Nazareth I [Anm. 15], 104.

[44] Vgl. Thomas von Aquin, Summa Theologiae II–II, 25, 9c.

[45] Joachim Jeremias, Neutestamentliche Theologie, 1. Teil, Gütersloh ²1973, 151.

[46] Joachim Jeremias, Neutestamentliche Theologie I [Anm. 45], 151.

[47] Adolf. Schlatter, Die Geschichte des Christus, Stuttgart 1921, 190; zit. Nach ThWNT, Bd. 1, 333.

[48] Joachim Jeremias, Neutestamentliche Theologie I [Anm. 45], 156.

[49] Vgl. Anselm von Canterbury, Cur Deus homo I,21; vgl. dazu Christoph Kardinal Schönborn, Jesus nachfolgen im Alltag. Impulse zur Vertiefung des Glaubens, Freiburg im Breisgau 2004, 117–118.

[50] Johannes Paul II., Apostolische Konstitution *Fidei depositum* vom 11. Oktober 1992.

[51] Augustinus, Contra Faustum 22, 27; zitiert in KKK 1849; vgl. Thomas v. Aquin Summa Theologiae I–II, q. 72, a. 6.

[52] KKK 1849.

[53] Josef Pieper, Über den Begriff der Sünde, München 1977, 27.

[54] Thomas von Aquin, De malo 2, 2.

[55] Josef Pieper, Über den Begriff der Sünde [Anm. 53], 63.

[56] Johannes Chrysostomos, Homiliae in Genesim 74, 2–3; PG 34, 55–56.

[57] Augustinus, De civitate Dei 14, 28; vgl. KKK 1850.

[58] Josef Pieper, Über den Begriff der Sünde [Anm. 53], 82.

[59] KKK 1862, vgl. KKK 1863.

[60] Augustinus, Predigten über den ersten Johannesbrief 1, 6.

[61] Vgl. Johannes Paul II., Enzyklika Dominum et vivificantem, Nr. 27.

[62] Thomas von Kempen, Imitatio Christi II, 11, 1. Übersetzt von Johann Michael Sailer (Reclam-Ausgabe 7663, 75).

[63] Tacitus, Historiae IV 3, 11.

[64] Cicero, Orationes in Verrem V, 64, 165.

[65] Goethe, Venezianische Epigramme, Nr. 66 (1790).

[66] Johannes Chrysostomos, Homilie 55 zum Matthäusevangelium.

[67] Vgl. http://www.cenacolo.at.

[68] Zitiert nach: Elisabeth Otto, Welt – Person – Gott. Eine Untersuchung zur theologischen Grundlage der Mystik bei Edith Stein, Vallendar- Schönstatt 1990, 107.

[69] Zitiert nach: Elisabeth Otto, Welt – Person – Gott [Anm. 68], 107.

[70] Zitiert nach: Elisabeth Otto, Welt – Person – Gott [Anm 68], 107.

[71] Elisabeth Otto, Welt – Person – Gott [Anm 68], 110.

[72] Edith Stein, Gesamtausgabe 4, Brief 117.

[73] Einleitung von P. Ulrich Dobhan OCD zu: Edith Stein, Kreuzeswissenschaft, Gesamtausgabe Bd. 18, S. XXI f.

[74] John Henry Newman, Pfarr- und Volkspredigten, I. Bd., Stuttgart 1948, 64–80; www.newmanfriendsinternational.org/german/?p=61.

[75] Thomas von Aquin, Summa Theologiae III, 9.

[76] Mutter Teresa, Beschaulich inmitten der Welt. Geistliche

Weisungen, Johannes Verlag, Einsiedeln, Freiburg im Breisgau 1990, 139.

[77] Mutter Teresa, Beschaulich inmitten der Welt [Anm. 76], 139–140.

[78] Joseph Ratzinger/Benedikt XVI., Jesus von Nazareth I [Anm. 15],20–21.

[79] Thérèse von Lisieux, Autobiographie, Ms. A, 83v; zitiert nach: KKK 127.

[80] Johannes Chrysostomos, Homilie 90 bzw. 91 in Mt, zu Mt 28,11–20: Des hl. Johannes Chrysostomos Homilien über das Evangelium des hl. Matthäus. Übersetzt von Prinz Max von Sachsen, Regensburg 1911, 615.

[81] Die Predigt wurde in der deutschen Wochenausgabe des »Osservatore Romano« veröffentlicht.

[82] Paul VI., Evangelii nuntiandi (8. Dezember 1975), 41.

[83] Erik Peterson, Zeuge der Wahrheit, 176; ders., Ausgewählte Schriften, Bd. 1, Würzburg 1994, 100.

[84] Johannes Paul II., Enzyklika Dominum et vivificantem, 31.

[85] Zitiert nach: Christoph Schönborn, Existenz im Übergang, Einsiedeln 1987, 136–138.

[86] Fra Angelico, Das Jüngste Gericht (1432–1435), Museo S. Marco, Florenz; Ders., Das Jüngste Gericht (nach 1439), Gemäldegalerie Berlin.

Anmerkungen

Bibelstellenregister

15,7.10   *81*
18,29–30   *150*
19,1–10   *40*
19,41   *81*
22,19   *34*
22,60–62   *86*
22,61–62   *104*
23,34   *57, 90*
23,39–43   *167*
23,46   *57*
23,49   *41*
23,55–24,1   *41*
24,46–49   *128*

Johannes
1,1.18   *54*
1,17   *67*
1,18   *68*
1,29   *83, 93*
1,38   *45*
1,38–39   *54*
1,39   *46*
1,48   *81*
3,17   *145*
6,15   *39*
6,67–68   *9*
10,10   *15*
12,16–17   *133*
12,21   *46*
12,47   *145*
13,13–14   *37*
14,2   *153*
14,6   *15, 133, 151*
14,18   *134*
14,26   *131, 134*
15,9–11   *140*
15,8   *15–16*

15,9.11   *15*
15,13   *102*
15,16   *33*
15,16a   *20*
15,20   *96*
15,26   *135*
16,8   *93, 135, 144*
17,10   *21*
17,21–22   *35*
20,22   *146*

Apostelgeschichte
1,8   *128*
2,36   *145*
2,37   *146*
2,37–38   *145*
4,13   *35, 118*
4,20   *118*
5,42   *118*
9,4   *103*
22,3   *36*

Römer
5,10   *75*
6,17   *121*
8,26   *58*
8,26–27   *58*
8,32   *133*

1 Korinther
1,9   *39*
1,22–23   *97*
1,23   *103*
4,9–13   *73*
6,3   *156*
7,17   *39*
9,1   *103*

9,27   *107*
11,23   *114*
13,9.12   *132*
15,3–11   *128*

2 Korinther
2,2   *103*
4,8–10   *73*
5,1–10   *152*
5,14–15   *107, 163*
6,8–10   *73*
11,21b–31   *163*

Galater
1,16   *103*
2,19–20   *103*
2,20   *107*
5,11   *104*
5,22   *140*
6,12   *104*

Philipper
1,21   *103, 151*

1,23–25   *151*
2,5   *104*
2,6–11   *105*
3,17   *104*
3,18–19   *104*

Kolosser
1,13   *82*

1 Johannes
2,18–27   *124*

Jakobus
2,16   *76*
1 Petrus
1,8–9   *140*

Offenbarung
2,4   *93*
12,10   *147*
21,5   *19, 132*